|光明社科文库|

英格兰银行简史

孙立新◎著

光明日报出版社

图书在版编目（CIP）数据

英格兰银行简史 / 孙立新著 . -- 北京：光明日报出版社，2018.10
　ISBN 978-7-5194-4733-5

　Ⅰ.①英… Ⅱ.①孙… Ⅲ.①英格兰银行—银行史 Ⅳ.①F835.619

中国版本图书馆 CIP 数据核字（2018）第 241639 号

英格兰银行简史

YINGGELAN YINHANG JIANSHI

著　　者：孙立新	
责任编辑：郭思齐	责任校对：赵鸣鸣
封面设计：中联学林	责任印制：曹　诤

出版发行：光明日报出版社
地　　址：北京市西城区永安路 106 号，100050
电　　话：010-67078251（咨询），63131930（邮购）
传　　真：010-67078227，67078255
网　　址：http://book.gmw.cn
E - mail：guosiqi@gmw.cn
法律顾问：北京德恒律师事务所龚柳方律师
印　　刷：三河市华东印刷有限公司
装　　订：三河市华东印刷有限公司
本书如有破损、缺页、装订错误，请与本社联系调换，电话：010－67019571
开　　本：170mm×240mm
字　　数：132 千字　　　　　　　　　　印　张：12
版　　次：2019 年 1 月第 1 版　　　　　印　次：2019 年 1 月第 1 次印刷
书　　号：ISBN 978-7-5194-4733-5
定　　价：78.00 元

版权所有　　翻印必究

内容介绍

英格兰银行成立于1694年,是国际金融史上最重要的中央银行,世界各国央行创建时的模板,在中央银行发展历史过程中发挥了重要的作用。本书是从一个中国学者的视角来讲述英格兰银行的发展史,详细介绍和分析了英格兰银行的初创、嬗变、成长、成为大英帝国中央银行、"二战"之后的国有化及至2008年国际金融危机后的变革与重塑等300多年的演变史,其中涉及了各个时期的英国经济金融历史背景、各种经济、金融危机的发生发展,货币制度变迁,英国和世界关系的风云变幻,等等。全书共含8个章节,第一章从中央银行的起源谈起,接下来在第二、三章介绍了英格兰银行的初创和早期岁月。第四、五章涉及英格兰银行发展的关键时期,描述了该行如何不断发展,最终成为大英帝国的实际上的中央银行的发展历程。第六、七章详述作为中央银行的英格兰银行如何在二战和战后的经济发展中发挥作用,稳定和促进英国经济发展。第八章讨论当代英格兰银行面对的各种挑战,包括英国的衰落,欧元区的成立及2008年国际金融危机,面对这些挑战英格兰银行及时进行调整和变革，如何在新的经济金融环境下完成从世界最重要央行到世界最好央行的转变。最后作者对英格兰银行发展的未来前景进行了展望。

本书一方面为中国读者提供了有关世界金融和英格兰银行发展的简明趣史。另一方面也从学术的视角阐述了在英格兰银行演变过程中，货币政策制定与特定历史条件下政治经济环境之间的相互关系，描述了中央银行的政策职能和制度框架的形成过程，以及与之相关的货币理论的演化，对于研究中央银行的政策理论和操作实践具有重要的参考意义。

前　言

作为一个多年从事宏观和货币经济学教学与研究的学者，笔者对货币政策的制定及其操作机构——中央银行的有关历史和理论多有关注和探究。本书的写作源于作者最早的一个宏大的构想：编写一部有关西方和其他主要经济大国中央银行历史发展、理论演变及制度框架建设的专著。相关的工作断续地进行了很久，但囿于自己目前所能掌握的资料及精力的限制，虽完成了部分工作，但始终未能遂愿。思之再三，决定退而求其次，从已完的书稿中整理编写部分独立的世界重要央行的简史，于是便有了这本小书——《英格兰银行简史》。

中央银行是现代经济社会里最重要的金融机构，无疑也是最重要的国家经济管理机构之一。因此研究央行的发展历程具有重要的经济与金融学的理论与现实意义。英格兰银行虽然不是世界上第一个中央银行，却是世界央行历史发展和演变过程中具有最重要地位的央行，这一点应该是学界的共识。包括美联储在内的世界各国央行，绝大多数都是以英格兰银行为范本设立的。因此，英格兰银行的历史演化，基本上呈现了世界各国中央银行的发展脉络。

在这本小书即将付梓之时，作者又想起了当年负笈英伦，研习经济学奥义的时光。当年漫步伦敦针线街，惊艳于英格兰银行大楼的典雅与端庄，花费了整个上午的时间参观其博物馆，受益匪浅。彼时的作者从未想到有一天会为这位"针线街的老妇人"（英格兰银行的外号）写史，事实上因其地位重要，有关英格兰银行历史的书籍在历史上各个时期以多种语言形式面世。与那些大部头的英格兰银行史专著相比，本书的特点在于：其一，本书是从一个中国学者的视角来观察和描述英格兰银行的发展史。当然，我们的叙述肯定参考了那些英文专著提供的史实。其二，这是写给中国读者的有关英格兰银行的史话。

"二战"之后，世界经济和金融重心从英国转移到了大西洋彼岸的美利坚，美联储也取代英格兰银行成为世界最重要的央行。英格兰银行的目标也从"世界最重要"转为"世界最好"。2008年的国际金融危机让人们对中央银行的理论和功能有了新的认识，危机后的金融监管改革重塑了英格兰银行的制度框架。这些都为我国中央银行的改革提供了借鉴。展望未来，英国脱离欧盟，势必对英格兰银行的发展产生重要的影响，也必将增强独立于欧洲央行（ECB）的英格兰银行在英国和世界的作用和使命。

本书的写作，得到了我家人的有力支持，在此我要特别感谢他们的付出。

感谢光明日报出版社《光明社科文库》出版计划资助本书的出版，特别感谢张金良、范晓虹、郭思齐诸位编辑对本书的出版所提供的帮助。

谨以此书纪念当年负笈英伦，研习经济学的岁月。

2018 年 7 月

目　录
CONTENTS

第一章　中央银行的起源 ··· 1
　一、现代银行的起源 ··· 1
　二、中央银行的雏形 ··· 5
　三、历史上最早和最重要的中央银行 ···························· 10
　四、中央银行的主要职责 ·· 17

第二章　初创——英格兰银行的成立及其背景(1694—1699) ······ 20
　一、17世纪英国的政治经济——英格兰银行成立的背景 ········· 20
　二、英格兰银行的诞生 ·· 27
　三、英格兰银行的初创时期(1694—1699) ······················ 30

第三章　纸币发行与经理国库——英格兰银行的早期岁月(1700—1750) ·· 34
　一、王位继承人战争时期——英格兰银行获得纸币发行准垄断权 ··· 34
　二、南海金融泡沫(1720)——英格兰银行开始经理国库 ········ 36
　三、乔治二世统治时期(1721—1750) ··························· 44
　四、伦敦货币市场的发展及金融革命 ···························· 46

**第四章　英格兰银行的嬗变——金融危机与1844年英格兰银行法
（1751—1844）** …………………………………………… 48
　一、经理国库和管理公共资金 ………………………………… 48
　二、金融危机、银行限制法案与工业革命 …………………… 50
　三、1844年英格兰银行法的主要内容及其影响 ……………… 67

第五章　大英帝国的中央银行：英格兰银行在1845—1913 ……… 75
　一、1844年后的金融危机及对1844年银行法的修改 ………… 75
　二、《伦巴第街》与央行的最后贷款人职责 ………………… 81
　三、帝国的中央银行（1875—1913）——英格兰银行履行最后
　　　贷款人职责 ………………………………………………… 86
　四、金本位制 …………………………………………………… 91

第六章　两次世界大战及大萧条——英格兰银行在1914—1945
　………………………………………………………………… 95
　一、"一战"中英格兰银行的作用（1914—1918）……………… 95
　二、金本位制的恢复及其失败（1919—1930）………………… 98
　三、大萧条对英国的影响，金本位制的最终放弃 …………… 103
　四、"二战"中英格兰银行的作用（1940—1945）……………… 108
　五、布林顿森林会议与战后国际金融体系安排 ……………… 110

**第七章　英格兰银行国有化及战后英国的经济金融发展
（1946—1999）** …………………………………………… 113
　一、英格兰银行的国有化（1946）……………………………… 113
　二、战后经济恢复与英格兰银行的货币政策（1947—1970）…… 115

三、布林顿森林体系崩溃后的英格兰银行货币政策(1971—1992)
.... 123

四、通货膨胀目标靶制的操作实践及其效果(1993—2000) …… 130

五、英格兰银行的货币政策规则、传递渠道与政策效果 ……… 134

六、1998年英格兰银行法 136

第八章 新世纪的英格兰银行:欧元的影响及国际金融危机(2000—2012) 138

一、欧元区和欧洲统一货币及英格兰银行的作用 ……………… 138

二、国际金融危机前英格兰银行的货币稳定与金融稳定框架 …… 141

三、国际金融危机后的英格兰银行改革 ……………………… 144

四、未来展望 149

结束语 151

附　录 153

索　引 168

参考文献 172

第一章

中央银行的起源

一、现代银行的起源

中央银行，作为负责国家货币发行和信贷政策的权威机构[①]，是伴随着近代西方资本主义银行业的兴起和发展而逐步建立的。据考证，早在3000多年前的古巴比伦时期就出现了人类的第一个银行[②]，早期银行的雏形也先后出现在古埃及以及中国古代，但现代意义上的银行发端于近代欧洲乃是学术界和金融界的共识，因此，作为"银行的银行"的中央银行，也是欧洲资本主义经济发展和其金融业（银行业）不断演进的必然产物。

欧洲中世纪的中后期（12—13世纪），由于货币经济和信贷工具不发达，大规模商品交换和货物贸易主要通过"集市"进行。所谓集市，正如《汉书·食货志》所述："日中为市，致天下之民，

[①] Bordo, Michael D. A Brief History of Central Banks [J]. *Federal Reserve Bank of Cleveland Working Paper*, December 2007.

[②] Davies, Glyn. *A History of Money—From Ancient Times to Present Day* [M]. University of Wales Press, Cardiff, 2002: 48.

聚天下之货，交易而退，各得其所。"① 不同的是，《食货志》中所提到的集市，是货币出现之前的易货贸易场所，是人类最原始的贸易交换形式，而中世纪欧洲的"集市"，则是在货币经济形态下，为了克服汇兑和支付的困难而产生的。这些"集市"中，最著名的就是位于今天法国南部香槟地区的"香槟集市"了。11 至 13 世纪欧洲主要分为南北两个商圈，而香槟地区恰好处在这两个商圈的交汇处，一边为意大利和普罗旺斯，另一边为德意志和低地国家，于是控制欧洲贸易的意大利人（主要来自威尼斯、佛罗伦萨和热那亚）就在这里和西北欧的商人汇合——大香槟集市因而崛起且繁荣起来②。到了 14 世纪，由于英国产的布匹和羊毛成为主要的贸易物品，意大利人和德国人又来到佛兰德的布鲁日港与英国人进行交易，于是香槟集市被布鲁日集市取代。到 15 世纪中叶，布鲁日集市又被日内瓦集市取代，同一时期法国的里昂集市也开始兴盛起来。不久热那亚人被逐出了日内瓦集市，于是热那亚商人又在家乡组织了贝桑松集市。但是随着近代银行的出现和不断发展，解决了汇兑和大规模支付的难题，使得货币流通和货物流通分离，于是"集市贸易"由盛转衰，逐渐被金融中心所取代。在 1550 年左右，意大利的热那亚（当时为热那亚共和国）成为欧洲最早的金融中心，1620 年这一

---

① 引自《周易·系辞下》，参见黄绍钧. 中国第一部经济史——汉书食货志 [M]. 北京：中国经济出版社，1991.
② [英] 波斯坦等. 王春法主译. 剑桥欧洲经济史（第二卷）[M]. 北京：经济科学出版社，2003：193.

地位被荷兰的阿姆斯特丹取代①，而这两个城市（金融中心）对现代商业银行和中央银行的形成都发挥了重要的作用。银行是金融中心的主角，如果说货币使人类由易货经济形态进入货币经济形态，那么银行则使人类由货币经济形态进入信用经济形态或者二者共存的经济形态，当然银行的功能不仅仅局限于此。

有关近代银行的起源，历来众说纷纭。最早的银行是所谓商人银行（Merchant Bank），存储和放贷的不一定是某种货币，而可能是某种实物，这类银行的业务也比较宽泛，其中一部分历经演变可能发展为近代的专门从事存贷款业务（以货币和类货币的票据为对象）的银行，这是银行的第一种可能起源②。第二种说法认为近代的银行起源于金铺，人们把金子存放在金匠那里，金匠提供收据作为凭证；这些凭证慢慢流通起来，后来金匠们在没有库存金子的情况下也开始发行这种凭证，这些票据就成为一种流通中的支付手段。据考证，英格兰的金匠们在都铎王朝和斯图亚特王朝时期与部分商人、经纪人、公证人和包税商一起逐渐发展成为银行家，他们进行吸收存款、支付利息、提供贷款、经营债券，特别是贴现付款委托书、本票和汇票的业务（金德尔伯格，1991，p73）。第三种说法则认为银行起源于贸易，主要跟汇票和商人有关。随着汇票的发展，商人发现贸易可以脱离集市，进行单向购买或单向销售，久而久之，一些商人从商品贸易领域脱身转而从事汇票经纪，这些汇票经纪人就

---

① ［美］金德尔伯格，P. 徐子健等译. 西欧金融史［M］. 北京：中国金融出版社，1991.
② Davies, Glyn. *A History of Money—From Ancient Times to Present Day* [M]. University of Wales Press, Cardiff, 2002.

是银行家的雏形①。第二种说法跟英格兰的银行业发展演变有关，而第三种说法则与意大利的贸易金融发展关系密切，因为银行一词源于意大利语Banca，意思是板凳，早期的银行家在市场上进行交易时使用Banca。英语转化为bank，意思为存放钱的柜子。这些早期的银行家（Banker）也被称为"坐长板凳的人"。因此，第三种说法似乎更有说服力，当然，由于过去各国或地区经济发展的相互独立与隔离，不同地区的银行可能有不同的源头与演变历程。

意大利人显然是欧洲最早的银行家②，这是因为意大利的一些城邦，如佛罗伦萨、威尼斯和热那亚等，是欧洲最早的贸易中心。热那亚后来也成了欧洲最早的金融中心（1550）。精于贸易（在欧洲和阿拉伯及南欧和东北欧洲之间）的意大利商人对贸易中的支付和汇兑业务烂熟于心，他们中的一些人转而经营汇票业务和其他早期银行业务时也就得心应手。这些意大利银行家和他们的商人伙伴一起，将贸易和银行业务遍布于欧洲的主要城市，一些银行甚至向某些国家的王室提供贷款。历史上著名的早期意大利银行包括众所周知的美第奇（Medici）银行（总部在佛罗伦萨，在伦敦、布鲁日、日内瓦和里昂均设有分支机构）、巴尔迪银行和佩鲁齐银行，以及历史上第一个公有银行——热那亚的圣乔治银行。

---

① ［美］金德尔伯格，P. 徐子健等译. 西欧金融史［M］. 北京：中国金融出版社，1991：51-52.
Quinn, Stephen and William Roberd. The Big Problem of Large Bills: The Bank of Amsterdam and the Origins of Central Banking, Federal Reserve Bank of Atlanta Working Paper 2006—16.
② Bagehot, Walter. *Lombard Street: A Description of the Money Market*［M］. The Project Gutenberg EBook, 1873.

二、中央银行的雏形

中央银行的雏形是荷兰的阿姆斯特丹银行，而阿姆斯特丹银行是仿照热那亚（Genoa）共和国的圣乔治银行（Banco di San Giorgio）建立的。建立于公元1407年的热那亚圣乔治银行被认为是欧洲第一个具有现代意义的银行，也是第一个国家存款银行（公有银行）。1407年年末，热那亚长老议会（Council of Ancients）授权热那亚主要街道上的交易所——圣乔治大楼（Casa di San Giorgio）建立一家银行，帮助偿还热那亚市政府的债务，好处是可以获得7%的利息，本金通过税收和关税偿还。1408年3月2日，圣乔治银行正式宣布开业，其拉丁文的全称为Casa delle compere e dei banchi di San Giorgio，Casa的意思是一个法律实体；compere代表公共债务；banchi相当于意大利语的banca，或者英文的bank counters，意即银行存钱柜；San Giorgio则是热那亚的保护神圣乔治（Saint George）。Compere（公债）① 的含义恰是创立这一银行的核心目的，即向政府提供一定数额的融资（贷款），然后获得一定期限（一般为5年或以上）的收税权以收回这些融资（税收即为贷款的本息），这一点与英国英格兰银行创立时（1694）的目标非常相似，而且二者都是股份制银行（不同的是英格兰银行提供融资的对象是国王，贷款利息为6%）。

---

① 公债（Public Debt）当时是指主权国家或君主为了公共需要从私人或机构那里借来的债务，大多情形下其本金已经以某种形式转化为某种基金，政府不需偿还，只需偿还利息。Felloni, Giuseppe. Translated by Marina Felloni, Justin Michael Rosemberg and Authumn Wiltshire. *Genoa and the history of finance: A series of firsts?* [M]. Banco di San Giorgio, Genova, 2005.

圣乔治银行作为热那亚共和国金融体系的核心，处理着不断增加的两种货币流通：一是作为财政机构，征收税款（收入），支付股东收益，并回报国家和公共机构。二是通过吸收存款、处理取款和在私人间转移货币来满足公共需求（Felloni，2005，p36）。圣乔治银行不是欧洲的第一家银行，却是欧洲第一家从事存款吸收、信贷和转账的公有或者说公共银行，换言之，在圣乔治之前，银行与银行家是同一个含义，代表的都是一个个从事金融服务的"富人"或家族形象，而圣乔治银行是一个为城市和市民公共利益服务的机构。圣乔治银行具有严格的规章制度，创始人有8个，都是当时热那亚著名的商人，但是没有人对银行具有控制权，在其存续的400年间，银行一直由当时的著名公众人物管理。更为关键的是，当今盛行的许多银行业的概念和运营惯例，都源自圣乔治银行：国家债券贴现、政府债券的发行和管理（经理国库——央行的最早功能之一），复式记账法（早于Luca Paciolo，公认的复式记账法发明人半个世纪），为偿还特殊债务而设立的所谓偿债基金（这是清算行在金融交易中起的作用，英国直到18世纪才开始采用），以及彩票的组织和实行①。圣乔治银行创立150年后，帮助热那亚共和国成功夺回了地中海沿岸海上和贸易强国的地位。有关圣乔治银行在热那亚共和国的地位和作用，《君主论》的作者马基雅维利（N. Machiavelli）有详细

---

① ［意］文森特·博兰. 世界第一家现代化银行［EB/OL］. FT中文网［2009-5-6］.
　　Felloni, Giuseppe. Translated by Marina Felloni, Justin Michael Rosemberg and Authumn Wiltshire. *Genoa and the history of finance: A series of firsts?* [M]. Banco di San Giorgio, Genova, 2005.

的观察和评论,他称圣乔治银行同热那亚一起强盛和伟大,影响了热那亚共和国近400年(1407—1805)的历史。不仅如此,圣乔治银行当时在整个欧洲都非常有势力,取代了德国银行业皇朝家族富格家族(Fuggers),成为欧洲那些对金钱如饥似渴、永远都在交战的君主们融资的主要对象。圣乔治银行也成了欧洲其他国家和城市公共银行的模板,仿照其模式建立的重要银行包括阿姆斯特丹银行(1609),米登堡银行(1616),汉堡和乌尔姆银行(1619),代尔夫特和纽伦堡银行(1621),鹿特丹银行(1653),等等。但是在经营了398年后,因非财务和操作因素,在拿破仑入侵意大利并开始镇压独立银行之后,圣乔治银行于1805年不得不破产关门。

成立于1609年的荷兰阿姆斯特丹银行被普遍认为是中央银行的前身。阿姆斯特丹银行(the Bank of Amsterdam),荷兰语的名字为Wisselbank,作为当时的一种交换银行(Exchange Bank)①,成立的目的主要是为了稳定阿姆斯特丹城内及荷兰共和国的铸币价值。阿姆斯特丹银行通过规定法定的标准记账单位(固定银含量的铸币),让银行货币与该记账单位挂钩,然后要求所有交易额在一定额度以上的商业交易必须通过该行清算,从而成功地阻止了盛行于当时的铸币减损行为,维持了荷兰共和国铸币体系的稳定达150年之久②。在16世纪的荷兰,合法流通的国内外铸币达40多种,因为铸币减

---

① 交换银行盛行于文艺复兴时期的地中海沿岸城市,是一种不发行银行票据的100%储备银行,储户可以在那里安全存放铸币并进行债务的转移清算。由于是100%准备,所以没有破产风险(Quinn和Roberts,2005,p1)。
② 阿姆斯特丹银行及其银行货币的作用,得到了亚当·斯密的高度评价,参见斯密[A. Smith(1776),1931,Book IV,p422、427]。

损（减少银含量）会给铸币商（厂）带来额外的收益，于是竞相的减损盛行。基于格雷欣定律的良币窖藏和外国轻铸币的大量涌入导致荷兰共和国要出口大量商品来换取这些轻铸币，这种行为也使得荷兰在16世纪产生了平均约2%的年化通货膨胀率，因而严重损害了作为借贷者的阿姆斯特丹商人的利益，更损害了阿姆斯特丹和荷兰共和国的货币稳定性。荷兰铸币的不断贬值最终导致阿姆斯特丹市政委员会决定于1609年设立Wisselbank，以强化其铸币法令，并强制规定：1. 所有超过600弗洛（florins，当时荷兰的铸币单位）的交易必须在阿姆斯特丹银行进行结算；2. 只有符合重量要求的合法铸币才能存入该行账户，其他减损的铸币将被送往当地铸币厂，按照贵金属含量换算后计入存款账户；3. 阿姆斯特丹银行被要求按照铸币法令监视铸币的价值，允许储户提取存款但收取约1.5%—2%的费用（Quinn和Roberts，2005，p8）。第一条规定保证了该行对票据清算（大宗交易清算）的垄断，因而排挤了现金交易中介。第二条则减少了减损货币的流通，并与第三条规定一起限制了套利行为（存入轻铸币取出标准铸币）。在Wisselbank成立后的50年内，由于越来越多的结算在该行进行，铸币的价值得到了一定程度的稳定。但是由于在银行外的市场上交易仍然使用轻铸币，因而形成了独立于银行而流通的现金货币。这样就产生了两种记账单位，一种是存于Wisselbank的银行货币，一种是现金货币（轻货币）。在银行的清算以银行货币进行，而现货市场使用现金货币。因为人们可以从Wisselbank银行取出"重铸币"，这样就逐渐地出现了交换两种货币的市场。市场上这两种货币兑换的溢价就是所谓的贴水（agio）。

到17世纪中期以后，银行禁止人们取出存款，于是银行货币就变成了所谓外部货币（Outside Money）。此时 agio（贴水）变成了外部货币与现金货币的兑换比率的溢价。该贴水的存在进一步限制了货币的减损，因为铸币的进一步减损必然带来贴水的上升，商人们要支付以银行货币计价的债务，就没有动机持有更多轻货币。1683年，Wisselbank 引进了一种收据系统，这是对银行业乃至后来的央行操作体系非常重要的一项金融创新：商人在 Wisselbank 存入金币或铸币后可以得到银行先付的一笔基金和一个收据（以持有者命名），当商人返还这笔基金和很小比例的利息及收据后，银行返还之前的金币。这些收据后来就以准货币（实际上就是一种信用货币，Fiat Money）的形式在市场上流通，并逐渐取代铸币成为最具流动性的资产（欧洲纸币的前身）。由于银行持有的外部货币（银行货币）余额不可以流通，Wisselbank 就通过在公开市场上交易外部货币余额与收据（Fiat Money）[①] 来控制银行货币的价值从而确保价格水平的稳定（Quinn 和 Roberds，2005）。这应该是央行公开市场操作业务的滥觞，也是通过控制货币（receipts, fiat money）供给量来控制价格水平的货币政策的早期实践。通过上述的创新实践，大约到1650年后，荷兰铸币的银含量基本稳定下来，荷兰的价格水平也稳定在一定范围内，阿姆斯特丹亦因此成为当时欧洲的金融中心，大量商人银行在阿姆斯特丹成立，而 Wisslebank 的银行货币（bank guilders）

[①] Quinn 和 Roberds 认为，receipts 的获得与金币的赎回过程类似于现代中央银行的回购业务（repo）。Quinn, Stephen and William Roberds. The Bank of Amsterdam through the Lens of Monetary Competition, Federal Reserve Bank of Atlanta Working Paper 2012—14.

被用作当时的国际储备货币，成了彼时欧洲商业和金融活动的基石（Quinn 和 Roberds，2005）。作为公立银行，Wisselbank 向阿姆斯特丹政府、荷兰东印度公司提供了大量贷款，这一方面提高了其政治和金融地位，另一方面也增加了其被挤提的风险（Quinn 和 Roberds，2012）。1763 年，荷兰的金融动荡导致一些重要的阿姆斯特丹商人银行倒闭，削弱了 Wisselbank 的国际地位。第四次英荷战争（1780—1784）期间，由于英国的禁运和封锁，Wisselbank 对市政府和东印度公司的大量贷款损失导致其资产负债余额迅速恶化，加速了其衰落。1790 年年底，由于贴水（Agio）由 6.25% 下降到 2% 和经营不善，阿姆斯特丹银行宣布资不抵债，1791 年由市政府接管。1815 年荷兰王国成立，Wisselbank 于 1819 年被关闭，其业务由成立于 1814 年的荷兰银行（De Nederlandsche Bank，DNB，The Dutch Bank，后来成为荷兰中央银行）接管。尽管阿姆斯特丹银行消失了，但是她的很多金融创新和政策实践被瑞典银行、英格兰银行所模仿和吸收，为早期欧洲各国中央银行的创立和发展做出历史性的重要贡献。

三、历史上最早和最重要的中央银行

阿姆斯特丹银行的成功在欧洲引来了很多的模仿者和追随者，1656 年成立的斯德哥尔摩银行（Stockholms Banco，the Bank of Stockhelm，瑞典央行的前身）是其最成功的模仿者之一。该银行在创立之初，就建立了两个部门，一个部门叫汇兑银行，仿照阿姆斯特丹银行的模式建立，是一个具有百分之百黄金储备的存款银行；另一个部门为贷款银行，这是阿姆斯特丹银行最初并不具备的，但是贷

款部门并非斯德哥尔摩银行首创，而是模仿自阿姆斯特丹市政府于1614年成立的一家信贷银行（被授权提供证券抵押贷款）①。斯德哥尔摩银行在1661年发行了欧洲最早的银行券，即所谓"铜票"。因为瑞典的货币储备是铜，流通起来很不方便，因此由斯德哥尔摩银行发行的铜票代行货币职能，作为支付（如发工资）和结算工具。铜票在瑞典国内得到普遍的欢迎（金德尔伯格，1991，p72）。1668年，斯德哥尔摩银行经营陷于困境，濒临破产，最后因其重要性而被收归国有，起初被命名为Riksens Ständers Bank（含义为"王国财富银行"），后简化为Riksbank（Sveriges Riksbank，瑞典银行，或者叫Bank of Sweden），成为欧洲乃至世界的第一个中央银行②，但是除了在银行券（纸币）发行方面的创新③以外，瑞典银行对世界中央银行的形成与发展并无太大的影响。而最有影响的英格兰银行，创建时在银行券发行方面借鉴了瑞典银行的经验（Davies，2002，p554）。

英格兰银行成立于1694年，虽然它不是世界上的第一个中央银行，却是世界金融史上最重要的央行，对中央银行的理论框架、政策操作和制度演变产生过极其重要的影响。17世纪中叶（1650）以

---

① 银行作为一个信贷机构的思想到17世纪末才开始在欧洲盛行，这是银行发展进入第二个阶段的一个主要标志，而银行的早期功能（第一个发展阶段）就是存款和支付。参见 Philippovich, Eugen Von. Translated by Chrstabel Meredith Washington *History of the Bank of England and its Financial Services to the State* [M]. Government Printing Office, 1911.
② 事实上，要到1897年，瑞典通过 Riksbank 法案，赋予 Riksbank 纸币垄断发行权并行使央行功能，Riksbank 才成为一个真正的中央银行。
③ 《英格兰银行史》一书的作者 Clapham（1944）认为，英格兰银行是欧洲银行券发行的先驱者，瑞典银行当时的铜票发行并未对欧洲其他国家产生影响。

后，英国通过三次英荷战争，以及1688年的"光荣革命"，对外已经成为首屈一指的欧洲强国，对内则完成了宪制革命，确立了稳定的资本主义政治体制，为工业革命做好了一切的准备。这时候的英国，工业蒸蒸日上，海外贸易蓬勃发展，国家财政需要更多的资金来应付内外需求，上上下下都在渴望成立一个可以比肩意大利、瑞典和荷兰的公共银行。正如被马克思称之为"政治经济学之父"的威廉·配第（William Petty, 1623—1687, 英国皇家经济学会创始会员）在《货币略论》（[1682], 1981, p125）中所说："我们必须创立一个银行，这家银行经过可靠的估算，能够让铸币发挥出双倍的功效……, 我们英国具有开设（这样）一家银行的物质条件，利用它来提供充足的资金以推动整个商业世界的贸易。"显然，铸币工匠和普通商业银行已经不能满足那时英国工业生产和海内外贸易对金融服务的需求，当时的很多学者（如Henry Robenson, William Porter等）通过对阿姆斯特丹和荷兰的考察，纷纷撰文探讨银行券发行对商业信贷和国家财富的影响[1]。此时一个能够大量发行银行券（为贸易提供信贷），进行集中清算并为政府提供战争融资（准备对抗法国的）的公共银行的成立在英国已经呼之欲出了。1694年6月，英格兰银行依据财政筹款特别法案（The Ways and Means Act）正式成立，并于同年7月获批准注册。根据该法案，英格兰银行成立的主要目的是通过以进口税收为担保的长期信贷为政府的九年战争提供融资，银行业务是第二位的（Davis, 2002, p259）。英格兰银行的

---

[1] Davies, Glyn. *A History of Money—From Ancient Times to Present Day* [M]. University of Wales Press, Cardiff, 2002: 256.

创立为英国政府的大同盟战争（九年战争）提供了120万英镑的资金，英国政府则以主要来自海运和葡萄酒业的税收作为担保，并许以英格兰银行8%的年利，4000英镑的管理费，约每年十万英镑的利息收入，外加一些模糊的特许权利。英格兰银行的主要创始股东都是辉格党（Whigs）人，包括近代英国最著名的哲学家、自由主义哲学奠基人约翰·洛克（John Lock）也是其创始股东[①]。因此英格兰银行当时实际上控制在辉格党手中，而政府后来成立的另一融资机构，即因"南海金融泡沫"而闻名的南海公司，则由辉格党的对手保守党人控制。在一系列的竞争对手，特别是土地银行失败后，英格兰银行在18世纪初获得了纸币发行的准垄断权。1720年南海金融泡沫破裂后，英格兰银行取代南海公司成为英国政府国债的主要管理者。随着银行券逐步演变为纸币，到18世纪，在英格兰和威尔士，纸币的发行量和存量逐渐超过了金属铸币（类似情况在苏格兰要等到18世纪中期）（Davies，2002，p279）。英国19世纪20年代的多次金融危机催生了英格兰银行史上最重要的三个法案：1833、1834和1844年法案。英国1833年法案规定英格兰银行发行的纸币为法定货币，1834年法案让英格兰银行获得"经理国库"的职能，从此这一"经理国库"的职责一直由英格兰银行承担，再未受到挑战。1844年的英格兰银行法又赋予了英格兰银行纸币发行的垄断权，并规定了有关的发行规则，这样英格兰银行作为纸币（法定货币）

[①] 洛克曾是英国著名辉格党人，沙夫茨伯里（Shastesbury）伯爵的私人医生和秘书。光荣革命后，从荷兰返回英国（1889），成为英格兰银行的发起人之一和董事。

发行的垄断者，也就逐渐控制了英国的货币供给。不仅如此，英格兰银行也对逐渐成长起来的货币市场（集中于伦敦城的伦巴第街）具有了重要的影响力[1]，中央银行（The Central Bank）的定义和概念，也大致出现于此一时期[2]。根据白芝浩（Bagehot, 1873）的观点，英格兰银行已于1870年代开始履行唯一最后贷款人（the Lender of Last Resort）职责（Capie, Goodhart 和 Schnadt, 2012）。因此，可以说，到1890年代，英格兰银行已经发展成为一个完全现代意义上的中央银行：负责经理国库，通过发行货币（因而控制货币供给）来保持价格稳定，并履行"银行的银行"的职责；而且学会了运用公开市场操作、贴现等货币政策工具。虽然就某一单一央行功能而言，英格兰银行并不是最早的发明者或者实践者，但通过吸收和创新，不断演变和适应，彼时的英格兰银行已然成为现代国家中央银行的范本。因而，1913年，当美国的中央银行——美国联邦储备体系（FED）成立时，参照的模式自然就是英格兰银行，这一方面是由于美英之间存在的特殊历史文化渊源，另一方面是由于英国处在当时的世界经济和金融中心。到1913年美联储成立的时候，中央银行的概念、功能和操作技术已经被欧洲大陆主要工业化国家所普遍接受：央行的主要目标是维持货币对黄金的可兑换性（币值稳定），即维护黄金标准；达至此一目的的主要工具是控制和调节利率，通过公开

---

[1] Bagehot, Walter. *Lombard Street: A Description of the Money Market* [M]. The Project Gutenberg EBook, 1873.
[2] 中央银行（Central Bank）这一名词，首次出现在1830年，用以指"所有财富的保存者"。Clapham, Sir John. *The Bank of England, A History* [M]. V1—2, Cambridge University Press, London, 1944: p135.

市场操作和贴现来发挥利率工具的效用。央行独立于政府运作，是银行的银行，对处于困境的金融机构偶或进行救助（Capie, Goodhart 和 Schnadt, 2012, p17）。

美联储成立之前，美国曾经存在两个央行，美利坚第一银行（1791—1811）和美利坚第二银行（1791—1836），二者均以英格兰银行为模板设立。两个央行的并立源于美国人骨子里对金融集权的不信任。但1836年之后的80来年金融不稳定①，特别是1907年的金融恐慌，则直接导致了美国单一央行—美联储的成立（1913）。美联储成立时的使命是保证统一且富有弹性的货币，以及充当最后贷款人，所以美联储的首要目标的是保持金融稳定②。伯南克［Bernanke（2013）］将美联储的百年史（1913—2013）划分为五个时期：大实验时期（Great Experiment, 1913—1928），大萧条时期（Great Depression, 1929—1944），大通胀和去通胀时期（Great Inflation and Disinflation, 1940—1982），大温和时期（Great Moderation, 1983—2006）和大衰退时期（Great Recession, 2007—2013）。伯南克亦认为，美联储建立的主要推动力是1907年及之前对美国经济危害较大的几次金融恐慌，因此美联储建立之初的首要目标是保持金融稳定，而不同于欧洲大陆央行的币值稳定目标。美联储建立一年后（1914）一战爆发，美联储不得不转而服务于国家的战争目标。在大实验时期，美联储由于执行顺周期的货币政策，不仅没有促进经济稳定，

---

① 在1837—1862年的"自由银行时代"，美国没有正式的中央银行，而在自1862年至1913年间，起中央银行作用的是一个（私营的）国家银行系统。
② Bordo, Michael D. A Brief History of Central Banks [J]. *Federal Reserve Bank of Cleveland Working Paper*, December 2007.

反而放大了经济波动。当时的十二个区域储备银行（美联储的组成部分）权力很大，甚至可以自行决定区域内的贴现率。美联储从对大萧条的失败应对中学到了很多。弗里德曼和施瓦茨（Friedman 和 Schwartz，1963）对大萧条提出了著名的货币主义解释，将危机归咎于美联储货币政策的失误，美联储的货币紧缩政策制造了美国银行系统的持续危机，最终导致价格和产出下降——经济萧条。但是近来一些学者包括特民（Temin，1989），伯南克和杰姆斯（Bernanke 和 James，1991），艾森格林（Eichengreen，1992）等都认为，在1930年代早期对国际黄金标准的坚守限制了美联储发挥货币政策功能，导致货币存量的紧缩。大萧条之后美国国会对美联储进行了一系列的改革，包括在1935年银行法中修改了美联储的权限，扩大了贴现窗，加强了美联储的最后贷款人功能，美联储的货币政策工具也改采公开市场操作，等等（Bernanke，2013，p5）。

"二战"之后，由于美国在世界政治经济中的主导地位，以及世界经济学的中心在凯恩斯（J. M. Keynes）去世（1946）后由英国转向美国，特别是战后布林顿森林体系的建立，美元成为世界性储备货币，美联储也取代英格兰银行成为世界中央银行的领导者。二战之后世界中央银行发展的第二个特征则是各国央行的国有化[①]（国家100%控股）：法兰西银行于1945年被国有化，英格兰银行于1946年国有化，在这之前，丹麦央行和新西兰储备银行于1936年，加拿大银行于1938年国有化；荷兰央行和比利时央行于1948年，

---

① 美联储是个例外，其所有权人为全体成员银行。

挪威央行于 1949 年国有化（Capie，Goodhart 和 Schnadt，2012，p23）。二战之后独立的国家依主权原则分别建立自己的中央银行，发行象征国家主权和民族特性的本国货币，使得世界中央银行的数量迅速增加到 60 多个，到 1990 年代，世界中央银行的数量已达到 160 多个。

四、中央银行的主要职责

今天的中央银行具有垄断性的货币发行权，担负保持货币稳定和金融稳定的职责，同时被赋予经理国库等重要的功能。这些功能并不是中央银行创立之初就完全具备的，中央银行到 19 世纪才获得国家货币垄断性唯一发行人的地位。从中央银行的前身——阿姆斯特丹银行的成立目的可以看到，央行的一个最早亦是最重要的目标就是保持币值的稳定。即保持货币稳定或者说保持价格稳定，因为在当代信用货币制度下，货币的价值即为总体价格水平的倒数。但是在金本位时期或者更早，保持币值稳定或者货币稳定则有另外的含义，在那些时期，币值稳定，指的是保持央行纸币与贵金属（主要是黄金）的兑换率，即保持央行发行纸币的"含金量"的时间稳定性，因为黄金是当时所有名义变量的锚。当金本位制被纯信用货币体系取代后，币值稳定的政策目标就变成了价格稳定（Capie，Goodhart 和 Schnadt，2012）。

作为主权政府的银行是中央银行的第二个特殊职责，也就是政府赋予央行的经理国库的功能。作为政府的银行，中央银行一般都依特别法例设立或者注册。经理国库的首要任务并不是接受政府的存款，而是首先能够为政府融资，作为政府债券的发行代理或者直接购买人，因为政府常常是一个净借款人，这也是很多央行最初成立时的主要目的。

央行作为银行的银行，即所谓最后贷款人（The Lender of Last Resort）职责，是19世纪末期才正式开始履行的，虽然英格兰银行早在18世纪已经发挥过类似的作用。早期的央行，同时也是一个商业银行，甚至是某些国家最大和最重要的商业银行，这就导致央行与其他商业银行存在竞争关系。直到20世纪初期，大部分央行才退出商业银行领域，而商业银行也开始完全承认央行的领导地位（Capie，Goodhart和Schnadt，2012）。英国巴林银行的创始人弗朗西斯巴林爵士（Sir Francis Baring，1797）被认为是首先提到中央银行（英格兰银行）是"银行的银行"并发挥"最终贷款人"的作用的人[1]。白芝浩（Bagehot，1873，2003）详细阐述了英格兰银行作为英国唯一的储备银行（英格兰银行的银行部门），在需要时特别是金融恐慌时，应该为所有商业银行提供资金的理论，从而在理论上确定了央行作为"银行家的银行"的最后贷款人功能。英格兰银行也从那时开始（1870年代）正式履行这一职责。确保金融稳定亦成为央行政策的主要目标之一。但是从20世纪80年代开始，各国央行普遍忽视了这一目标，而将重点放在了价格稳定和创造就业方面。

2008年的国际金融危机，让央行政策制定者再次聚焦于金融稳定这一目标，有关确保金融系统全局性稳定，防止金融市场系统风

---

[1] [美] 金德尔伯格，P. 徐子健等译. 西欧金融史 [M]. 北京：中国金融出版社，1991：379.

险的宏观审慎政策成为决策者关注和经济学家们研究的热点。适应宏观审慎监管要求的新型央行制度架构建设成为后金融危机时代金融监管改革的主要内容。展望未来，保持货币稳定（通过货币政策）和保持金融稳定（通过宏观审慎政策）将成为各国中央银行的两个并行不悖、互为补充、同等重要的政策目标。各国央行的制度改革和政策实践未来都将服务于这两个目标。

第二章

初创——英格兰银行的成立及其背景（1694—1699）

一、17世纪英国的政治经济——英格兰银行成立的背景

1588年对于英国是一个重要的年份，英国海军战胜了西班牙的无敌舰队，英国开始逐步掌握欧洲乃至世界的海上霸权。从那时起，英国本岛基本摆脱了外来威胁，英国的发展也第一次完全由内部力量来决定。进入17世纪，都铎王朝谢幕，伊丽莎白女王（Elizebath，1533—1603）带给英国的"黄金时代"（海上霸权，重商主义—工商业发展，海外贸易，北美殖民地）逐渐褪色，英伦进入内乱、革命和复兴交错的斯图亚特王朝时代。然而政治的动乱并没有阻止英国工商业的蓬勃发展，以及随之而来的银行业的兴起。经济的持续发展让英国在17世纪人文日兴，科学与学术不断创新，国力日益鼎盛。

政治上，来自苏格兰的詹姆斯一世（James I，1603—1625年在位）虽然平庸无能，为解决王室财政而贩卖爵位，但他毕竟促进了英格兰和苏格兰的民族融合，保持了英国17世纪早期的稳定。1625

年即位的查理一世（Charlie I），奉行亲法政策，与信奉新教的英格兰新兴资产阶级格格不入，并利用国教压迫清教徒（新教徒的左翼），导致国内宗教冲突越演越烈。宗教迫害和不断的拨款要求使得国王和由新教势力控制的议会冲突不断，查理一世为此多次解散议会，并试图逮捕反对他的议会领袖，双方的冲突不断加剧，最终于1642年演变为内战。保王势力得到英国北部民众的拥护，而以清教徒为主的新议会则得到东南部沿海经济发达地区新教徒的支持。双方各自组织了军事力量进行对抗。起初保王党的军事力量占优，但随着军事天才克伦威尔（O. Cromwell，1599—1658）取得议会军的统帅权力，议会军的捷报频传，最终于1646年6月攻入王党军的大本营牛津，内战以议会派的胜利暂告结束。随着内战的结束，议会与以克伦威尔为主的军官集团矛盾开始激化，王党势力与潜逃的国王得以借机重新作乱，第二次内战又燃战火，但很快王党军主力在苏格兰被议会军击溃，二次内战于1648年结束。1649年1月30日，查理一世经由下院议会授权的法院判决，被送上断头台。处死国王后，议会又通过决议，废除君主制，在英国建立共和政体。共和国成立初期，军队和议会内各种派别主张不同，导致国内动荡不安，一些派别甚至发动起义，这些起义最终均被克伦威尔率领的军队击溃。克伦威尔随后又率军进入爱尔兰，对爱尔兰民族的反抗和起义进行了近3年的血腥镇压，并同时镇压了苏格兰上层贵族集团的反叛。此时的克伦威尔及其率领的上层军官集团，已经成为英国最有权势的政治势力。1652年征战爱尔兰和苏格兰凯旋而归的克伦威尔，要求对议会进行改革，遇到了议会的反对和拖延。翌年8月，克伦威尔解散了原议会，重新组织了以拥护其领导的军官为主的所谓英格兰共和国议会。经克伦威尔授意，该议会选举他为英格兰、苏格兰和爱尔兰共和国护国主，并制定《护国约法》，实际上建立了以克伦威尔为绝对领袖的军人独裁专制政权。护国政府期间，英国不断增强海上势力，扩大殖民贸易，危害了海上贸易强国荷兰的利益。1652年第一次英荷战争爆发，两年后以荷兰战败并承认英国的航海条例结束。1658年克伦威尔病重，指派其子理查（Richard Cromwell，1626—1712）继承护国主。克伦威尔辞世后，理查能力平庸，得不到高级军官们的支持。理查于1659年4月解散议会，不久便放弃了护国主的称谓。王党分子又重新集结，镇守苏格兰的英军总司令蒙克率军趁势南下，进入伦敦，废除了护国政体，重开国会，并接回了流亡在外的查理二世，恢复了斯图亚特王朝（1660，史称王朝复辟）。复辟后的查理二世承认国会的合法性，推行有利于资本主义经济贸易发展的政策，维护了英国的稳定。1664年，英荷第二次战争爆发，耗时三年，双方均遭受了重创。这一次荷兰有法国的支持，英国因此损耗严重，加上1666年英国伦敦遭遇大火，以及黑死病蔓延英伦，内忧外患，迫使英国向法荷联盟求和。几年后，英法结盟，英国将其在欧洲大陆的最后据点敦刻尔克以120万英镑卖给法国。1672年，第三次英荷战争爆发，英国取得了最终的胜利，从而控制了海上贸易。1670年代的英国议会，逐渐分化出了两派势力，一派以大地主贵族为主，与王室力量相结合，被称为托利党（Tory），即今天保守党的前身；另一派则代表新兴工商业主和小资产阶级的利益，名字为辉格党（Whigs），党首为沙夫茨伯里伯爵。辉格党占据了议会的多数席位，先后通过了《排斥法案》和《人身保护法》，这些法案试图限制国王的权力，加强新兴资产阶级的政治影响力。国王为此于1779年解散议会，重新选举，但是选举的结果是辉格党人继续控制议会。1681年查理二世再次解散议会，并对担任政治职务的辉格党人进行清洗。1682年，辉格党骨干分子密谋刺杀国王，计划败露，国王对辉格党人进行了残酷的镇压，大部分骨干被处死，沙夫茨伯里伯爵逃亡荷兰，随同他一起出逃的包括英国17世纪最杰出的哲学家、思想家约翰·洛克。1685年2月，查理二世去世，其子詹姆斯二世（James II）继位。詹姆斯实行专制主义和宗教迫害政策，很快激起国内的强烈反抗。虽然反抗因强烈的军事镇压而失败，但是詹姆斯二世的天主教倾向引起了其新教支持者托利党人的不满，为避免天主教复辟，托利党人与辉格党人联合，决定邀请荷兰执政威廉（William III，新教徒）及其妻玛丽（Mary，詹姆斯一世的女儿）共同担任英国国君。1688年11月，威廉欣然接受了邀请，并带兵进入英国，英军投降，詹姆斯二世仓皇逃亡法国，斯图亚特王朝覆灭。此次事变对英国的政治制度意义重大，史称"光荣革命"。光荣革命后英国国会通过了一系列的立法，最终确立了英国资产阶级主导的君主立宪政体，为英国的资本主义经济发展和工业革命奠定了政治和法律基础。光荣革命后返回伦敦的洛克发表了其著名的《政府论》两篇和《宗教宽容论》，提出了自由主义的思想主张，以及分权制衡的政治学说，为西方资产阶级革命及其政治法律制度建设提供了思想理论武器。

经济上，詹姆斯一世继位时的英国，承接伊丽莎白时代的繁荣与发展。据统计,当时英格兰与威尔士的总人口已接近500万[1],伦敦人口约20万人,人均GDP接近1000(GK)美元,总国民产值接近60亿(GK)美元[2]。那一时代的英国人,无论是政治家还是学者,以至于上层贵族大地主和中下层的工商业者,都把欧洲最富裕的海上贸易强国荷兰作为经济发展的样板。英国人向荷兰人学习航海和造船技术,扩大海上贸易规模,增加海上力量,实行重商主义的贸易政策(鼓励出口限制进口)。英国人参与黑奴贸易,不断拓展海外殖民地;模仿荷兰建立特许公司制度(东印度公司成立于1600年),鼓励工商发展,积极推动金融业的发展,模仿荷兰建立现代银行,以为工农业生产提供融资帮助。这些经济发展措施不仅没有因内乱和政体的变化而改变,而且在护国公和斯图亚特王朝复辟时代均得到了加强。到17世纪中叶,英国的经济总体实力完全超越了荷兰。英国的工商业发展召唤着其银行业的同步支撑,但是在1640年代之前,英国似乎一直站在现代银行业的门外。彼时英国的金融行业几乎全部依赖外国银行和外国人,尤其是荷兰人。王室和贸易商们先是从安特卫普,后来更多的是从阿姆斯特丹银行借贷[3]。但是经过半个多世纪的摸索学习,到1640年代左右,英国人逐渐学会了现代金融业务操作技术,在英国的皇家交换所,本国人也取代了外

---

[1] [英]波斯坦等. 王春法主译. 剑桥欧洲经济史(第四卷)[M]. 北京:经济科学出版社,2003:91.
[2] G-K dollar1990 是OECD进行国际比较使用的一种美元单位。数据来自 Maddison, Angus, *The World Economy——Historical Statistics* [M]. OECD, 2003.
[3] Davies, Glyn. *A History of Money—From Ancient Times to Present Day* [M]. University of Wales Press, Cardiff, 2002.

<<< 第二章　初创——英格兰银行的成立及其背景（1694—1699）

国专业人士。随着英国工商业的不断发展，海外贸易规模的扩大，以及航海和保险业的需求增加，信贷规模的加大，私债和国债的发行流通，商业票据的承兑要求等，英国国内特别是伦敦地区对专业金融中介机构——银行服务的需求越来越大，从事铸币制作的伦敦金匠们首先抓住了这一机会，成了英伦最早的专业银行家。金匠们最初通过贮存金币和铸币（铸币业务曾一度被查理一世禁止，改由国家垄断，内战结束后金匠们又恢复这一业务）积累资本，当资本积累到达一定规模，他们开始为商人贴现票据，同时以较高的利率进行放贷。这些业务盈利可观，于是金匠们开始以一定利息吸收存款并允许储户不经通知即可提款，这一做法取得了极大的成功，几年之后人们就习惯了将余钱储存在金匠那里以获得利息[①]。金匠们为储户开具存款票据，这些票据很快就与铸币一起流通，成为最早的银行票据（纸币）。通过经营存贷款业务、贴现票据，金匠们积累了大量财富，成为伦敦最早的银行家（Banker）。作为银行家的金匠们，关心的主要是通过银行业务赚钱，而不是储户资金的安全，而且放贷的利息也过高，招致了很多的批评，这也是他们后来没能发展成为更加重要的银行的原因之一。金匠们的银行业务在护国公时期和王朝复辟后得到了进一步的发展，无论是护国公还是查理二世，为弥补财政亏空，都曾经向金匠银行家借贷过，银行家们也借此密切了同王室及统治阶层的关系，并从向国王的借贷中收取高额利息（有时高达20%—30%）。高额利息刺激了更多银行的出现，这也是

---

① Andreades A. Translated by Christadel Meredith. *History of Bank of England* [M]. Cambridge, 1908: p30.

英国工商业在这一时期持续发展的必然结果,特别是第一次英荷战争结束后,荷兰对航海法案的承认极大地推动了英国的海外贸易。王朝复辟后,英国迎来了一段平稳发展时期,当时的很多学者注意到银行业对工业发展和航海贸易的重要性,纷纷撰文出书鼓吹仿照荷兰的样本建立现代的银行。而犹太人在17世纪中叶重返伦敦对英国银行业的发展也起到了积极的推动作用①。这一时期(1630—1670)的英国银行家们,还发明了支票这一支付工具,这是英国银行业对现代金融的最重要贡献之一②。频繁的对外战争(两次英荷战争耗费巨大)导致国王和国家的财政负担越来越重,以至于国王有时拒绝支付借贷,导致很多银行破产。结果使得那些有存款在银行的商人们也因而破产。这也许是查理斯二世和詹姆斯二世越来越不受崛起的英国工商业者欢迎的原因之一。1688年"光荣革命"后,英国完成了宪制革命,确立了稳定的资本主义政治体制。此时的英国,工业蒸蒸日上,海外贸易蓬勃发展,国家财政需要更多的资金来应付内外需求,上上下下都在渴望成立一个可以比肩意大利、瑞典和荷兰的公共银行③。当时的著名政治经济学家威廉·配第在《货币略论》([1682],1981,p125)中写道:"我们必须创立一个

---

① 英国在爱德华一世统治期间(约1275)曾经对犹太人进行了残酷迫害和大规模驱逐,导致当时几乎所有犹太人(几万人)离开了这个国度,参见休谟的英国史第三卷。
② Clapham, Sir John. *The Bank of England, A History* [M]. V1—2, Cambridge University Press, London, 1944: 5.
③ 上述三国闻名于欧洲的公共银行包括意大利的热那亚银行(成立于1407),荷兰的阿姆斯特丹银行(1609成立)和瑞典银行(1656成立),参见本书第一章。

第二章 初创——英格兰银行的成立及其背景（1694—1699）

银行，这家银行经过可靠的估算，能够让铸币发挥出双倍的功效……，我们英国具有开设（这样）一家银行的物质条件，利用它来提供充足的资金以推动整个商业世界的贸易。"显然，未经官方批准和注册的铸币工匠和普通私人银行已经不能满足彼时英国工业生产和海内外贸易对金融服务的需求，更不能以较低利率为政府提供财政融资服务。基于保护储户资金安全、降低利率和发行纸币的需要，英国国内建立公共银行的呼声越来越高。此刻，英国已经为成立一个能够大量发行银行券，为贸易提供信贷，进行集中清算并为政府提供战争融资（准备对抗法国的）的公共银行做好了一切准备。

二、英格兰银行的诞生

从17世纪70年代开始，鉴于公共银行在荷兰和瑞典的成功，英国就陆续出现了很多关于建立公共银行的提议，其中最著名的两个建议一个是由威廉·帕特森（Sir William Paterson, 1658.4—1719.1）提出的建立英格兰银行的构想，另一个为张伯伦（Chamberlain）博士提出的建立土地银行（Land Bank）的计划。后者曾经是英格兰银行的有力竞争者，但是由于策略失误和认购不足，土地银行计划很快就失败了。于是，一个世界金融史上最有影响力的银行——英格兰银行终于破茧而出，且经过最初的艰难经营，一步步发展成为大英帝国的金融货币中枢。

英格兰银行的主要奠基人威廉·帕特森是一位成功的苏格兰商人，英格兰银行的首任总裁，后来亦成为苏格兰与英格兰合并的著名倡导者之一。帕特森出生于苏格兰的替沃德（Tinwald），17岁后移居到布里斯托（Bristle），后移民到巴哈马。成年后从巴哈马返回英国，在伦敦靠从事对外贸易而致富。1685年帕特森来到了阿姆斯特丹，加入被詹姆斯二世驱逐的辉格党阵营，并积极参与了辉格党的政治活动。光荣革命后，威廉三世继承王位，辉格党人返回伦敦，重新站到英国政治舞台的中心。威廉执政初期，处于对法七年（1690—1697）战争中的王国政府财政资金极其短缺，威廉三世不得不向伦敦城的商人和银行家筹钱，正是在这样的背景下，帕特森及其支持者于1691年首次提出建立英格兰银行的构想①，1692年他和几位商人一起向政府提出一个一百万英镑的融资建议（利息5%），结果被拒绝。第二个建议（1694）是一个以7%的年利向政府提供200万英镑的融资项目，作为回报认购者应获准组建公司，发行银行票据（纸币代用券）。这一计划同样被否决，但是同年帕特森提出的第三个计划在众多同类提议中被当时的英国财政大臣查理斯·孟特古（Charles Montagu）选中，并最终被英国王国政府和议会接受：即组建英格兰银行，向政府提供融资120万英镑，年利8%，外加年度管理费4000英镑（银行总计一年从政府收取10万英镑的利息加管理费），银行根据其资本总量发行纸币②。

英国议会通过1694年6月筹款法案，批准了帕特森的计划。英格兰银行得以组建并于同年7月获得皇家注册机构的许可，公司注

---

① 他们最初构想的英格兰银行原型是仿照热那亚银行，由公共贷款人联合而成，能够发行票据而又不必面临倒闭的危险（金匠和私人银行家却不得不面对这样的风险）。参见 Clapham（1944）.

② Andreades A. Translated by Christadel Meredith. *History of Bank of England* [M]. Cambridge, 1908.

<<< 第二章 初创——英格兰银行的成立及其背景（1694—1699）

册全名为"The Governor and Company of the Bank of England"（英格兰银行公司及管理人），之所以在公司名中采用"Governor"，据认为是希望借用政府（Government）的信誉，以使筹资得以顺利进行①。根据该法案，英格兰银行被许可经营至1706年，在这之后，只要政府还清贷款本金并提前一年通知，英格兰银行的执照就可以被吊销。帕特森顺理成章地成为英格兰银行的第一任总裁，薪金2000英镑，其他几位一起附议的商人也都成为重要的董事会成员。根据公司章程，董事会由总裁、副总裁和24个经选举的董事②组成，包含总裁和副总裁（两年更换一次）的至少13个董事组成银行的管理团队。令人难以置信的是，帕特森在担任总裁七个月后（1695）因为支持一家基金转换成为银行（有可能和英格兰银行竞争）而被董事会解雇③。这也部分佐证了帕特森只不过是由伦敦城一部分商人组成的团体的代言人，而其本人在该团体中并没有很高地位的说法④。接替帕特森的是约翰·霍布隆（John Houblon），伦敦城内一个著名商人的儿子，也是最初计划的提议者之一，他带领英格兰银行走过了最初的三年（1694—1697）。值得一提的是，英国自由主义哲学的奠基人，约翰·洛克，作为早期货币数量论和铸币价值论的

---

① Bagehot, Walter. *Lombard Street: A Description of the Money Market* [M]. The Project Gutenberg EBook, 1873.
② 选举安排在每年的3月25日至4月25日，在合格的公司股东成员中选举。
③ Davies, Glyn. *A History of Money—From Ancient Times to Present Day* [M]. University of Wales Press, Cardiff, 2002.
④ 所以《英格兰银行史》一书的作者Clapham（1944）认为，组建英格兰银行的计划尚不能确定是出自帕特森本人，还是其背后的伦敦城的几个商人组成的团体，而帕特森不过是这些商人的代言人。参见Clapham, Sir John. *The Bank of England, A History* [M]. V1—2, Cambridge University Press, London, 1944: 15.

倡导者，也是英格兰银行的创始股东，他于1694年购买了英格兰银行发行的500英镑的股票。

由于担心英格兰银行会抢走原属于他们的储户，英格兰银行成立初期曾经受到金匠和私人银行家们的抵制。但是不久，银行家们发现在英格兰银行开具账户对自己非常方便和有利，于是放弃了敌意；随后不久很多银行家又放弃了发行票据，转而使用英格兰银行发行的纸币（银行票据）。起初，商人和地主亦担心英格兰银行会以高利抽取国内的资本去谋利于少部分工商集团。由于英格兰银行发起人及董事会成员与辉格党人的关系密切，成立初期的英格兰银行更遭到托利党人的反对和排挤，托利党人尤其担心一个公共的银行会对君主体制不利，因为其他欧洲大陆的公共银行都建立在共和政制下。于是托利党企图通过张伯伦提议的土地银行来对抗英格兰银行，但随着土地银行计划的破产而不得不暂时作罢。辉格党内的反对派也担心英格兰银行的建立会因其对国王的财政援助而导向绝对的君主制。面对上述反对和批评，最后不得不在有关英格兰银行成立的法案内加入一个条款：禁止该银行未经国会批准向（国王领导的）政府借款。尽管面对诸多反对的声音，有关成立英格兰银行的法案最终在国会下院获得了一致通过。

三、英格兰银行的初创时期（1694—1699）

英格兰银行成立之初，被英国人戏称为"吨位银行"（Tunnage Bank），源自1694年6月筹款法案赋予英格兰银行按进口船只吨位收取关税的权利，该项税收是对英格兰银行借予政府贷款的本息的担保，

<<< 第二章 初创——英格兰银行的成立及其背景（1694—1699）

也是英格兰银行发起者得以迅速筹集到发起资本（120万英镑）的重要原因。英格兰银行在成立初期并没有被授予任何的垄断特权①，筹款法案的条款中也没有规定其和政府之间有什么特殊关系，对于公债管理和纸币发行的限制也语焉不详。可以说，英格兰银行的早期经营许可权是靠对政府的始终不渝的忠诚服务得以维持的。

英格兰银行是仿照阿姆斯特丹银行创立的公有银行，但其在英国显然不如阿姆斯特丹银行在荷兰那样享有很多特权。首先，英格兰银行发行的纸币（银行票据）不是法定货币；其次，英格兰银行成立之初也不享有纸币发行的垄断权，其他英国银行同样可以发行自己的纸币票据。英格兰银行创立之初，英国政府的财政状况非常差，英格兰银行要将其全部权益资本借给政府，因此事实上英格兰银行的资本掌握在政府手里，所以正如白芝浩（1873）所指出，英格兰银行创立之时就是一个为政府融资的公司，而且是辉格党人的融资公司。尽管面临如此多的限制和困难，英格兰银行在其初创阶段仍然取得了较大的成功和较好的收益。首先，该行对政府提供贷款的利率为8%，这在当时是非常优惠的，该项贷款为威廉三世继任时的政权稳定和对外战争提供了有力的财政支持，因而赢得了王国政府的信任。鉴于特殊的政治渊源，政府内的辉格党人对银行也提供了额外的政治支持。其次，银行对储户提供了较大优惠，储户的存款不仅安全，而且可随时取款并享有活期利息，银行由此获得了

---

① 但是是负"有限责任"的唯一银行，因而能够吸收富有商人们的资本。参见 Bagehot, Walter. *Lombard Street: A Description of the Money Market* [M]. The Project Gutenberg EBook, 1873.

工商业者的信任和支持。第三，通过办理大宗贴现业务，英格兰银行具备了影响贴现率的重要能力。伴随英格兰银行的初步成功，其股价也由发行时的面值100磅涨到了1696年的108磅。1696年11月10日，英格兰银行编写了其第一份财务报表，根据该报表，截至1696年11月10日，英格兰银行的总资产为2101187英镑13先令5角，所有者权益等于125315英镑2先令11角（12角为1先令）[1]。具体数据参见本书附录一表1。

1697年英格兰银行经历了成立以来的第一次严峻考验，一方面张伯伦博士有关成立土地银行的计划被政府接纳并开始筹建，土地银行除了储备与英格兰银行不同之外（前者以土地作为资本和发行储备，后者则以金银块和铸币作为储备），功能和运营方式等方面基本类似，因此土地银行计划一旦成功将会对英格兰银行形成重要威胁。另一方面由于新铸币法[2]实施缓慢导致英格兰银行铸币储存不足，英格兰银行发行的票据远超其铸币储备，部分金匠银行家趁机对其进行挤提（1697年5月6日[3]）。英格兰银行股价一度跌到83磅，其发行的银行票据的价格也低于其面值。英格兰银行董事会最后不得不以年利6%向其股东借款。幸运的是，土地银行因其错误的储备理论而失败（只筹集到2100磅的资本认购），英格兰银行面临的第二个危险也因之消失。随着土地银行计划的破产，政府不得不

---

[1] 数据摘自 Clapham, Sir John. *The Bank of England, A History* [M]. V1—2, Cambridge University Press, London, 1944: 44.
[2] 根据该法案旧的铸币立即停止流通，但是新的铸币铸造和发行速度非常缓慢。
[3] 参见 Clapham, Sir John. *The Bank of England, A History* [M]. V1—2, Cambridge University Press, London, 1944: 36.

第二章　初创——英格兰银行的成立及其背景（1694—1699）

再次向英格兰银行借款，经过近一年（1697）的讨价还价，英格兰银行设定了向政府继续借款的著名条件："在英格兰银行存续期间国会不能通过法案设立和许可同样的银行。"① 最终政府与英格兰银行达成了新的借款协议，国会为此通过了所谓"威廉三世第 8 和 9 号法案"，即"为补充赤字而筹集资金的法案……以扩大英格兰银行的资本金及筹集公共信贷"②。该法案允许英格兰银行无限制的增加资本，英格兰银行实际新增了约 100 万英镑（等同向政府提供新贷款）资本，总资产达到 2201171 英镑。国会的新法案赋予英格兰银行很多特权，包括政府在返还所有借款后，终止银行注册的时点延长至 1710 年 8 月之后（仍要提前 12 个月通知）；允许英格兰银行发行等同原始资本 120 万英镑的银行票据；给予英格兰银行对银行业的真正垄断权（国会同意了英格兰银行的条件：在英格兰银行存续期不再通过法案成立超过 6 个合伙人的股份制银行），对伪造英格兰银行票据的行为处以极刑，对英格兰银行资产免税，等等。法案颁布后的结果之一就是英格兰银行发行的银行票据恢复到面值，且不再含息，已经与我们今天使用的纸币基本类似。英格兰银行的股息红利也大幅提高③。总之，渡过了最初挤提风险之后，英格兰银行与政府的关系更加密切，其在伦敦金融城的地位也越加稳定，越加重要。

---

① Clapham, Sir John. *The Bank of England, A History* [M]. V1—2, Cambridge University Press, London, 1944: 47.
② 参见 Clapham, Sir John. *The Bank of England, A History* [M]. V1—2, Cambridge University Press, London, 1944: 46.
③ 参见 Andreades A.. Translated by Christadel Meredith. *History of Bank of England* [M]. Cambridge, 1908. Clapham, Sir John. *The Bank of England, A History* [M]. V1—2, Cambridge University Press, London, 1944.

第三章

纸币发行与经理国库——英格兰银行的早期岁月（1700—1750）

一、王位继承人战争时期——英格兰银行获得纸币发行准垄断权

18世纪初始，英国经济风调雨顺，英国的资本累积不断增加，利率快速下降。1700年英格兰银行的股价已升至114磅。但是好景不长，因为去世的西班牙国王没有儿子，法国和奥地利哈伯斯堡王朝为此展开了有关王位继承人的争夺。英国本趋向于中立，但是随着被废黜的詹姆斯二世在法国去世，鉴于威廉三世与法国国王路易十四之间根深蒂固的敌视，法国宣布仍承认詹姆斯二世的儿子为英国国王，英国决定加入荷兰、奥地利联盟，与法国一方对抗；于是一场成本巨大，耗时十多年的有关西班牙王位继承人的战争（1701—1714）开打。英格兰银行坚定支持政府的战争决策，从而得以保留了政府赋予的许多特权，但也承受了国内很多反对战争和仍旧怀念斯图亚特王朝的人们的反对。战争伊始威廉三世离世，同为新教徒的安妮女王（Anne，William三世之妻玛丽的妹妹）继位，英格兰银行对新女王给予最大支持。但对新教政府的支持让政府反对

第三章 纸币发行与经理国库——英格兰银行的早期岁月（1700—1750）

者、拥护詹姆斯二世后裔拥有继承权的人们，以及英格兰银行的竞争者们（私人银行）对英格兰银行恨之入骨，这些反对者联合起来，于1707年在散布法国军队入侵英国消息的同时，对英格兰银行进行挤提。挤提使得英格兰银行因战争而恶化的财务状况雪上加霜，英格兰银行陷入前所未有的困境。此时王国政府、辉格党人及其支持者们，以及英格兰银行的股东和一些工商业者们及时伸出了援助之手，最终英格兰银行凭借多年经营积累的财经实力和号召力渡过了这一难关。

战争中的王国政府财政持续恶化，1708年，王国政府再次向英格兰银行提出融资请求，英格兰银行顺便提出了新条件，讨价还价的结果是双方达成的新协议：英格兰将原借予政府的120万英镑的贷款的利息率由8%降至6%；并以6%的利率给政府增加40万英镑的贷款；英格兰银行协助政府发行以房屋税作为担保的财政票据，为此向政府支付约177.5万英镑，利息率6%。作为交换，政府同意将英格兰银行的专营权从1711年起再延长21年；英格兰银行的资本金由当时的约220万英镑新增两倍，达到约657.7万英镑[1]。由于英格兰银行成功地协助财政部发行了财政票据，从此奠定了其国家财政票据发行主代理人的角色，财政票据也因此成为英国财政体系的重要工具，这为英格兰银行未来发挥经理国库的功能打下了基础。更重要的是，新协议首次禁止超过6人的股份制银行发行纸币，从而确立了英格兰银行在纸币（银行票据）发行方面的准垄断地位

---

[1] 数据来自 Andreades A. Translated by Christadel Meredith. *History of Bank of England* [M]. Cambridge, 1908: 112.

（只有小型乡村银行和私人银行仍有权发行纸币），对这一垄断权力的唯一的限制是纸币发行量不能超过其资本金。1713年（战争的最后一年），英格兰银行再次向政府提供贷款，其专营权获延至1743年。

1714年，安妮女王离世，新教徒支持的汉诺威王朝顺利登上英国政治舞台，英格兰银行的地位更加稳固。1716年，国会通过新法案，免除了英格兰银行遵守高利贷法案的义务（按照该法案，借贷利率不得超过10%），政府返还了之前的债务并将新债利率固定为5%。从1715年到1718年，英格兰银行的股价从低点115英镑飞升至创纪录的161.75英镑（1718年3月8日）[1]。

二、南海金融泡沫（1720）[2]——英格兰银行开始经理国库

1720年代在英国金融史上最具标志性的事件就是南海金融泡沫的形成与破裂，这次金融危机在英国乃至世界金融史上都有重要的影响，对英格兰银行的发展进程也至关重要。英国的经济史学家们，包括威廉斯科特（William Scott）、赛农（H. A. Shannon）和曼策斯特（A. H. Manchester）都将该事件看作英国商业企业史上的转折点。南海危机更被英国一部分哲学家、经济学家和艺术家描述为非理性狂热、经济混乱、宗教腐败甚至性放荡的典型案例（Hoppit，2002）。南海公司依据英国议会通过的一个授权法案于1711年设立，

---

[1] CClapham, Sir John. *The Bank of England, A History* [M]. V1—2, Cambridge University Press, London, 1944.

[2] 本节有关南海金融泡沫始末的描述参考了作者另一部专著《国际金融危机与中国的宏观审慎政策——影响与对策研究》中第三章第三节的内容。

第三章 纸币发行与经理国库——英格兰银行的早期岁月（1700—1750）

公司设立的目的同英格兰银行初设时一样，是为了帮助英国政府解决其财政和融资困境。公司创始人哈利（Harley）是牛津伯爵，当时知名的官方人物。依据授权法案，英国政府承诺以6%的利息向其发债，为此每年英国政府需支付给南海公司总额约60万英镑的利息。南海公司的主要收入来自向商人出售"南海"贸易许可权，即商人们在拉美东海岸地区（所谓南海地区）从事贸易的特许权。因为当时人们认为南海地区，主要是秘鲁和墨西哥蕴藏着无尽的金矿和银矿。商人们获得贸易特许权后，就可以从英国将工业制造品运往南海，从当地土著手中换取成千上百倍的黄金，赚取巨额利润。与政府的特殊关系和超级盈利前景使得南海公司股票在股市上得到追捧[①]，但此时尚未出现狂热和泡沫，因为当时的南海地区处于西班牙的控制之下，英国商船靠岸拉丁美洲的东海岸要得到西班牙的许可。西班牙当时的统治者菲利普五世只给了英国一年一艘船靠岸的许可，并且靠岸船只的吨位和载货量都受到限制，另外英国贸易商还要向西班牙缴纳5%外加四分之一的利润。这大大挫伤了牛津伯爵及其后继者的雄心。因此南海公司的股价在1719年前一直停留在100英镑左右。

但是1717年情况发生了转变。在当年的英国国会开幕式上，国王要求改善国家财政状况以减少政府的负债水平。此时只有英格兰银行和南海公司能够向英国政府提供融资，两大机构均提出了自己的借款方案。南海公司建议将自己的资本金提高至1200万英镑然后

---

① 参见 Mackay, C. *Extraordinary Popular Delusions and the Madness of Crowds* [M]. 1980.

以5%的利率向政府提供200万英镑贷款。英格兰银行的提案类似，只不过不需要提高本身资本水平即可达到。国会经过讨论最终通过了三个新法案：（1）南海公司法：国会接受南海公司的方案，南海公司随时准备向政府提供200万英镑的融资。（2）英格兰银行法：英格兰银行同意以5%利率向政府提供200万英镑贷款，在提前一年的宽限期内可赎回。英格兰银行被要求，根据需要，提供总额不超过250万英镑的贷款。（3）一般基金法：该法案罗列了公共财政面临的种种问题及依据以上两个法案的解决办法。

尽管其在南海贸易方面并未取得较大的盈利，南海公司因其与政府财政的特殊关系再次引起了公众的注意。投资者对公司股票的需求增加，而公司董事们也开始着手扩大公司。1720年初，南海公司向国会提出了到1727年中期将国家债务水平以5%的利率提高到3千多万英镑的提议，此后国会可通过法案在任何时间赎回借债或者以4%的利率水平将借债留在南海公司。虽然以辉格党领袖罗伯特·沃尔波（Robert Walpole）为领导的英格兰银行的支持者们极力反对这一提议，但由于以财政部大臣艾斯里比（Aislabie，托利党人）为代表的南海公司支持者的支持。国会经过辩论最终于1720年2月2日接受了南海公司的建议并提交了相关的法案动议。受此消息刺激，对南海公司股票的需求开始增加，股价也由130英镑很快上升至300英镑。法案在下院经历了两个月的时间。在此期间，南海公司的董事们，特别是董事长约翰·布兰特（Sir John Blunt），利用每一个可能的机会宣传该公司的股票。更重要的是，传言英国和西班牙之间的自由贸易协定即将签署，大量像铁一样丰富的白银将被运回英国，

<<< 第三章 纸币发行与经理国库——英格兰银行的早期岁月（1700—1750）

墨西哥将用黄金交换来自英国的棉花和纺织品。南海公司将变得富可敌国，在其股票上投资100英镑每年将会带来数百英镑的收益①。当法案在英国下院获得通过时，南海公司的股价很快冲到了400英镑。法案以前所未有的速度进入英国上院审议，4月4日法案一读通过，5日二读，7日三读并以83票对17票获得通过。当法案获得国王的批准后，一股投机的狂热不仅感染了议员们，也传染给了普罗大众。整个国家都陷入交易南海股票的狂潮中。4月12日，南海公司董事们面向公众发行了100万股，每股资本为100英镑，以300磅价格发行；股票被超额认购，最终发行了200万股。董事们为了自肥，在4月21日宣布当年的中期红利股息为10%，所有的认购者可获同样的股息。利用这一政策公司董事们又以每股400英镑的价格向公众发行了100万股，而实际的认购达到了150万股。股价虽也有短暂的下降，但是当人们听说斯坦霍普（Stanhope）伯爵已经收到了来自西班牙政府的以下提议：西班牙为了南海贸易的安全和扩展而愿意以秘鲁海岸交换直布罗陀和曼虹（Mahon）；南海公司被允许建造尽可能多的船只从事南美贸易，也不必向西班牙国王纳税。南海公司股价开始急剧上升。南海公司股票的投机狂潮席卷全国和国家的各个阶层，也传染了整个资本市场。贪婪的投机家们利用所有可能的手段来编造故事，制造出一个个股票上市神话和股票价格泡沫。例如，桥水（Bridgewater）公爵提出了改造伦敦和西斯敏斯特的项目计划，桑德斯（Chandos）公爵提出了另外的项目计划。有成

---

① 以上描述参考了本人专著（2018）和 Mackay, C. *Extraordinary Popular Delusions and the Madness of Crowds* [M]. 1980.

百个计划被提出，一个比一个夸张和更具欺骗性；有些计划在正常情况下是可行的，但是这些计划在当时主要是为了在股票市场上卖出股票，公司的董事们在股票上市的当天利用第一个股价上升的机会卖掉股票，于是项目计划在第二天早晨即告终止。有关的骗术花样翻新，层出不穷。有一个项目计划为建造永动车轮而筹资；另有一位冒险者提出的项目计划最能反映当时人们的疯狂程度，该项目的名称为"公司将从事一项伟大冒险项目，但是无人知晓该项冒险的确切内容"。① 富人们，无论男女，都沉溺于这些投机活动中；男士们与他们的经纪人在咖啡馆会面，女士们则与经纪人相见于服装店。并不是所有认购股票的人们真正相信这些计划，很多人都是希望尽早买入股票，然后等股票价格上升后卖给更蠢的傻子。整个投机过程就像凯恩斯在《通论》中描述的"占位"游戏一样，只要鼓声未停，你就有机会脱手给下家从而盈利②。

1720年6月11日，国王在国会休假的情况下不得不发布公告，宣布所有非法的项目均为无效的并将被追诉。交易泡沫公司股票的经纪人们也将被罚款；但是投机狂热并没有被遏止，此时的南海公司股票的价格已接近900英镑。图3-1显示了南海公司和英格兰银行、东印度公司在1720年前后股价的变化情况。

---

① Mackay, C.. *Extraordinary Popular Delusions and the Madness of Crowds* [M]. 1980.
② [英] 约翰·梅纳德·凯恩斯. 徐毓枬译. 就业、利息和货币通论 [M]. 北京：商务印书馆，1964：132.

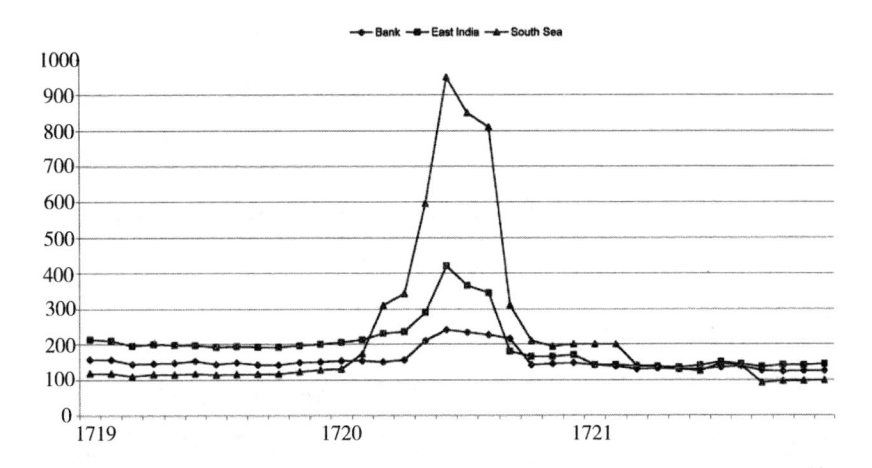

图 3-1　南海公司、东印度公司和英格兰银行股票价格在 1720 年前后的波动

来源：Hoppit（2002），引自 L. D. Neal, *The Rise of Financial Capitalism: International Capital Markets in the Age of Reason* (Cambridge, 1990), p234.

随后，英国司法部（the Lord Justice）于 1720 年 7 月 12 日宣布终止所有母公司的注册申请，并解散所有泡沫公司。据统计，被解散的正式注册的泡沫公司有 86 家之多，涉及的项目总额为 3 亿英镑，超过了英国土地价值的总和。因为具有特殊的政治关系，南海公司的故事并没有因此结束。当南海公司的股价由 890 磅跌落到 640 磅后，南海公司的董事们指示代理机构购买该股票，成功地使股价恢复到 750 磅，人们的信心又开始恢复。到 8 月初，股价仍然被维持在 1000 磅左右，但是随后泡沫开始破裂。更可怕的是，人们得知，以南海公司董事会主席约翰·布兰特为代表的董事们，已将自己手中的南海公司股票售出。9 月 8 日，愤怒的投资者们封锁了正在开会讨论对策的南海公司董事们所在的大楼。尽管董事们做出各种澄清和申明，政府官员也出面进行解释并给予保证，仍难以阻止恐慌的蔓延。9月9日，股价腰斩，跌到了540磅每股。9月12日，尽管政府国务秘书出面召集会议商讨对策，并有报告说英格兰银行将出面拯救南海公司，股价仍跌跌不休，随后逐步跌至400磅左右。成百上千个家庭因此破产，变得一无所有。公司的董事们不敢在街上露面，社会骚乱一触即发。

沃尔波（Walpole）先生被请出来收拾残局，国会和政府要求他利用其对英格兰银行①的影响来拯救南海公司，但是英格兰银行并不想参与其中，对政府的所有建议只是不情愿地被迫接受。为了能够拯救南海公司，沃尔波先生起草了一份合约作为进一步谈判的基础。南海公司股东会议授权董事会与英格兰银行接洽谈判，最终达成的解决方案授权英格兰银行发行南海公司股票300百万英镑来拯救南海公司。但是南海公司的股价仍在快速下跌，南海公司在资本市场已无信誉可言；那些有借贷给南海的著名银行和金铺都遭遇挤兑。南海公司的主要贷款人剑锋（the Sword Blade）银行停止了支付业务。英格兰银行此时也开始遭受挤提，支出的款项超出了从发行债券获得的收益。此时南海公司的股价已降至135英镑，英格兰银行发现自己已无力解救南海公司。沃尔波最后向国会提出，将南海公司股票分拆给英格兰银行和东印度公司各900万英镑，并由两家公司分别赎回南海公司债券②。英格兰银行为此以118英镑的股票价格筹集资本约400万英镑。南海公司最终得以保留，国会也开始重

---

① 当时是一家私人银行。
② 南海公司并未被清算破产，公司一直运营到1853年才终止。

新恢复公共财政秩序①。沃尔波先生的能力得到了举国认可,不久成为英国历史上的第一任首相。

在南海金融泡沫的形成与发展过程中,英国陷入一种独特的投机狂热中。公众变得贪得无厌,人们不再满足于通过实业进行利润累积,也不再关注自己的正常职责,都一心梦想快速致富。在整个事件中,南海公司的董事们变成了赌场老板和金融骗子,而每个投机者事实上都变成了幻想一夜致富的赌徒。正如英国国会就南海泡沫的调查报告所指出的,国家支持的公司也像个人一样,不能成为赌徒,否则迟早会得到惩罚。

调查和惩罚是泡沫破裂后的必定程序。国会很快通过法案禁止南海公司的董事们离境。涉嫌欺诈的公司董事们,尤其是董事会主席约翰·布兰特,这场泡沫和骗局的主要幕后导演,以及南海公司的财务官奈特(Knight)先生,还有受贿的政府官员和议员们,包括财政大臣艾斯里比等,最终均受到了应有的惩罚。

事件中诞生的所谓"泡沫法案",据最新的研究结果表明②,其宗旨并不是为了阻止类似金融危机的发生,而是制定者们为南海公司利益服务和自肥的工具。因此不能把法案通过后很长一段时间内英国金融市场的相对稳定归功于它。

南海金融泡沫让英国政府花费很长时间才使得公共财政秩序得以恢复。此后英国经历了相当长一段时间的金融稳定,但是正如今

---

① 以上有关南海金融泡沫的描述参考了作者本人(2018)的专著及 Hoppit, Julian. The Myths of South Sea Bubble [J]. *Transactions of the RHS*, 2002: 141—165.
② 参见 Harris, Ron. The Bubble Act: Its Passage and Its Effects on Business Organization [J]. *The Journal of Economic History*, 54 (3), September 1994: 610—627.

天我们知道的，过度投机的伤痛及其经济损失并没有避免类似的金融泡沫悲剧永不再发生。

英格兰银行成立之初的目的就是为英国政府提供融资。最初有资格向英国政府提供财政融资的公司有三个，包括英格兰银行、东印度公司和南海公司。他们既可以通过购买政府票据向政府提供信贷，也可以直接贷款给政府，或者根据商定的条件直接接手政府的负债。但是最重要的形式是预付并包销政府的债券，然后替政府支付本息。正是在这个意义上英格兰银行担负起了国家债务的管理工作。三家公司中，东印度公司发挥的融资作用最小，甚至在1773年由于财务问题还曾向政府借钱。南海公司虽在其建立的最初十年曾经在政府财政融资上发挥了重要作用，其作用有时甚至超过了英格兰银行，但是1720年的南海泡沫破裂几乎摧毁了该公司，1751年后，政府再未通过南海公司融资，虽然该公司一直存续到19世纪中叶。

英格兰银行是1720年南海金融泡沫的最终受益者，在这之后，英国政府的债务融资和国库管理基本委托给了英格兰银行负责。英格兰银行已逐步开始履行经理国库的职责。

三、乔治二世统治时期（1721—1750）

英格兰银行在这一时期的发展相对较为顺利，到1742年，英格兰银行的特许权即将到期，此时反对续期的声音再起，而且来势凶猛。但是鉴于王国窘迫的财政和英格兰银行及时提供的160万英镑无息贷款，政府顺利地将其特许专营权展期至1764年。英格兰银行通过向股东筹集此笔贷款，将其资本金增加到980万英镑。通过续期，英格兰银行不仅继续拥有纸币的垄断发行权，而且通过1742年法案又获得了英国"唯一（公立）银行"的特权①。

1745年英国发生了一个重要的事件，即斯图亚特王朝的支持者发动的叛乱。叛乱始于詹姆斯二世的儿子查理王子于当年登陆苏格兰，并率领支持者很快占领了苏格兰首府爱丁堡。基于斯图亚特王朝在苏格兰的影响力，查理王子迅速召集起一支军队，开始向英格兰进发，由于英格兰内部也存在很多同情斯图亚特王朝的人们，所以叛军的进展非常顺利，很快就抵达了德比（derby），这在伦敦城内引起了恐慌。政治混乱加上反对者的蓄意攻击，英格兰银行再次遭受挤提，英格兰银行不得不停止票据贴现业务并向股东紧急筹集资金。危急之下，伦敦城内的商人们又一次给予英格兰银行坚定的支持，不仅接受英格兰银行发行的纸币，而且使用其进行支付，从而帮助英格兰银行度过了这次困境。随着查理王子及其支持者的叛乱被镇压，政治恐慌很快过去，英格兰银行也顺利摆脱了危机。战事结束不久，英格兰银行向政府提供新的融资，其总资本也首次超过1000万英镑，达到1078万英镑②。

---

① 这并不阻止已有银行继续从事银行业务，也没有排除外国银行在英格兰开设分支从事银行活动。
② 数据来自 Andreades A. Translated by Christadel Meredith. *History of Bank of England* [M]. Cambridge, 1908: 151.

四、伦敦货币市场的发展及金融革命

18世纪上半叶，伴随英国公共债务的不断扩大，英格兰银行的纸币发行数量不断增加，英国的货币市场随之不断发展。由于向英国政府提供信贷和财政支持的英格兰银行和其他银行都位于伦敦河北岸的伦巴第街①上，所以伦巴第街也成了英国货币市场的代名词②。纸币发行量的迅速增加使得其流通量超过了贵金属铸币的流通量，纸币的大量发行和流通降低了利率（从最高12%降至4%左右），这一方面减少了政府的融资成本，使政府借贷得以增加，而且政府债务的种类也迅速扩大，从而增加了货币市场的深度和广度。另一方面，利率下降和货币供给的增加也为经济发展提供了低成本的信贷资本。货币市场和资本市场规模不断扩大，既为英国的对外扩张，也为其国内经济发展提供了良好融资服务③。这一时期的英国金融发展被后来的金融史学家命名为"金融革命"，金融革命为英国的工业革命提供了资金和资本基础。由于铸币的印制和发行由国王的皇家铸币厂控制，所以依法听命于国王。当代表工商资产阶级利益的英格兰银行的纸币的发行（另一种货币创造）超过金属铸币

---

① 从14世纪起，来自意大利北部伦巴第地区的银行家和商人就在伦敦泰晤士河北岸的一条大街上设立字号，经营放款业务，为英国银行业的发展奠定了基础。这条大街被命名为伦巴第街。
② 随着金融业的扩张，更多外国银行的分行、贴现行、证券交易所、保险公司、专营海上保险的劳合社，以及黄金、外汇和商品市场，都集中开设在这条大街及其附近一带总面积不到2.59平方公里的地区内，形成了举世闻名的"伦敦城"。
③ Davies, Glyn. *A History of Money—From Ancient Times to Present Day* [M]. University of Wales Press, Cardiff, 2002: 281.

的发行时,工商阶级的力量就从经济金融角度压倒了国王和旧贵族的势力。因此如果说"光荣革命"从法制上确立了资产阶级的宪政民主制,那么"金融革命"则标志着宪制民主权力从经济和财政上对国王权力的全面取代[①]。

---

① Davies, Glyn. *A History of Money—From Ancient Times to Present Day* [M]. University of Wales Press, Cardiff, 2002: 282.

第四章

英格兰银行的嬗变——金融危机与1844年英格兰银行法（1751—1844）

一、经理国库和管理公共资金

1751年对于英格兰银行是一个重要的年份，这一年英国政府将国债统一为单一的基金，授权英格兰银行全权负责。英格兰银行从此被赋予了"经理国库"的正式职责。政府公共债务的运营让王国政府与英格兰银行的关系越来越紧密。到1780年，政府经由英格兰银行发行国债和由该行代财政部进行财政收支的程序基本建立。1783年，财政部资金总主计官的责任也转由英格兰银行负责，从那时开始，王国政府的每个部门都在该行开有账户，各个部门的资金往来（收支）均通过这些账户进行。

自1700年始，英格兰银行一直充当政府信贷中介。到了1816年，英格兰银行开始不再从自己的资源中为政府筹集永久基金债务，而是根据授权，在政府担保的各种票据基础上向其提供贷款。1817年后，英格兰银行基于上述票据的对政府信贷必须经过国会的认可方可进行。到对法战争结束时，英格兰银行管理的公共债务已达8

第四章 英格兰银行的嬗变——金融危机与 1844 年英格兰银行法（1751—1844）

亿英镑。因此所有试图剥夺英格兰银行地位和功能的外部企图均烟消云散，英格兰银行已成为英国政府毫无争议的公共债务管理者。（Philippovich，1911，p212）。

英国政府授权英格兰银行根据政府各部门的不时之需提供借贷以满足政府部门的公共服务需要；政府的财政票据业务由英格兰银行负责发行和管理，并由英格兰银行先行垫付票据发行的总金额，此一财政票据发行方式从 1830 年开始就一直延续下来。这种由英格兰银行向政府提供的临时垫付在 18 世纪末和 19 世纪初表现为一种非基金债务形式，与其向政府提供的临时性借贷有根本的区别。这些安排产生了英格兰银行和政府间规律性的反复交易，为政府向英格兰银行移交公共资金的完全管理职责铺平了道路。

1830 年英国政府组织了一个委员会来研究"管理和筹集公共收入的责任"，紧接着 1831 年又组成一个委员会调查与公共资金收支及其账户有关的财政实践，该委员会同年提交了报告，报告中的建议变成了法案，即著名的 1834 年法案。该法案对英国财政收入模型进行了重塑：财政部下的相关部门被撤销，公共资金注入财政部在英格兰银行的账户（账户名为：account of his Majesty's Exchequer），所有公共资金在花费前必须存于英格兰银行并接受英格兰银行的管理。法案具体条款包括：

1. 所有支付给政府的资金直接或通过有关机构打入政府在英格兰银行的账户。

2. 英格兰银行持有的公共资金构成一个名为"国王财政账户"的单一基金。但是对应不同的服务部门建立不同的户头。

3. 上述财政部账户只有主审计官和由他授权的财政部官员持有皇家印鉴才可以查看。

1834年后，英国财政部的原有财政体系已不复存在，所有的中央财政均通过英格兰银行进行操作管理。政府的所有收入必须在最短时间内进入其在英格兰的账户。英格兰银行可以动用这些账户余额的三分之二从事贷款业务。历史上首次，公共资金作为存款可被用于商业目的。中央银行（Central Bank）这一名词，也是在1830年左右首次出现在圣·西门（Saint–Simon）的书中，最初用以指社会主义者组成的经济体中"所有（国家）财富的保存者"①。

英国国会于1866年和1877年通过法案对1834年法案进行了修改，永久授权英格兰银行基于经国会同意发行的财政债券和财政票据向政府提供贷款，并管理这些财政债券（的发行和偿付）。

显然，从1830年代开始，英格兰银行已经开始正式履行其"经理国库"的职责。

二、金融危机、银行限制法案与工业革命

18世纪后半叶，英格兰银行又分别于1764年和1781年两次获得注册展期。1764年其注册经营权被延长至1786年，英格兰银行为此付给政府11万英镑，并以3%的利率向政府提供100万英镑为期两年的贷款。1781年，在其经营权到期前5年，英格兰银行的特许权力又获延期至1812年，条件是向政府提供200万英镑的借贷，利

---

① Clapham, Sir John. *The Bank of England, A History* [M]. V1—2, Cambridge University Press, London, 1944: 135.

<<< 第四章 英格兰银行的嬗变——金融危机与 1844 年英格兰银行法（1751—1844）

息率为3%，英国政府需于1784年开始偿还这笔贷款①。英格兰银行为此向股东募集资本，使其权益资本金达到了11642400英镑②。

（一）18世纪后半叶的经济、金融危机及其影响（银行限制法案）

英国于1763、1772、1783、1793、1797年分别发生经济危机或者金融危机。1763年的危机源自荷兰，荷兰和德国的很多企业破产，危机很快蔓延至英国，导致英国的部分小企业出现问题。英格兰银行在危机中向国内外的商人们预付了100万英镑，为控制危机做出了重大贡献。1772年的风暴中心在英国本土，伴随着几年的和平，经济繁荣的投资狂热最终酿成了危机。危机的导火索来自1772年一家苏格兰银行（Ayr Bank）的资不抵债，恐慌很快传至伦敦，伦敦城内很多银行出现问题，相继破产。当年6月22日，著名的伯勤兰的格林银行（Glyn in Birchin Lane，今天的Glyn and Halifax银行的前身）停止支付。民众纷纷到银行取现，英格兰银行的储备急剧下降。危机继续蔓延至欧洲大陆，荷兰的一些重要银行也面临挤提。英国著名的东印度公司财务也出现问题，英格兰银行向财政部提供了140万英镑的票据贴现以帮助该公司，最后在英国政府的监管下东印度公司转型为驻印度的政府机构③。此次危机中英国倒闭的企业数量

---

① 1782年起著名的威廉·皮特（Pitt）成为财政大臣和首相，在其坚持下，该笔债务被延至1785年开始偿还。
② 数据来源：Clapham, Sir John. *The Bank of England, A History* [M]. V1—2, Cambridge University Press, London, 1944: 184.
③ Clapham, Sir John. *The Bank of England, A History* [M]. V1—2, Cambridge University Press, London, 1944: 250.

多达500多家，英格兰银行在危机中蒙受了巨大损失，教训深刻。为应对危机英国和欧洲各国不得不采取了许多严格的限制和监管措施，最终平息了危机。

1782年美国脱离联合王国宣布独立，随后的和平促使国际贸易激增，进而极大地刺激了纸币的过度发行。由于荷兰经济衰退，荷兰投资者抛售其持有的英国公司股票和证券，引起铸币和金银的流出，铸币外流引发的金融危机（1783）在银行终止现金支付后得以结束。危机并未造成很多企业倒闭，虽然英格兰银行的储备曾经急剧下降。此次危机让英格兰银行的董事们意识到了纸币发行应遵循某些限制原则，其限制规则之一就是根据贵金属的流入和流出来调节纸币发行的速度，流入则增加发行，流出则减少发行。

1784年开始，英国经济开始复苏，工业生产加速，海外贸易一派兴旺。到1788年，英格兰银行的金块（Bullion）储备多达800万英镑，纸币流通量超过了1000万英镑[1]。信贷扩张和纸币的过度发行似乎在等待着下一个转折点的到来。1789年7月14日，法国发生资产阶级大革命，推翻了法国国王路易十六及其封建专制政权，代表大资产阶级和自由派贵族利益的共和立宪派上台。法国大革命爆发后，欧洲各国封建君主们结成了反法同盟，准备推翻这一历史上第一个共和政体。1792年4月法国同欧洲大陆反法同盟奥、普宣战。战争加上1792年的农业歉收很快使英国的经济状况恶化，公共信贷崩溃。1793年2月，英格兰银行拒绝了一家叫作兰·森和弗利兹

---

[1] Clapham, Sir John. *The Bank of England, A History* [M]. V1—2, Cambridge University Press, London, 1944: 257.

第四章 英格兰银行的嬗变——金融危机与1844年英格兰银行法（1751—1844）

（Lane，Son & Fraser）的企业的票据，这家企业随即倒闭，留下了100多万英镑的亏空。随后连续发生企业破产，3月份有105家企业破产，4月188家，5月209家。5月和6月破产企业数目开始下降[①]。企业破产同时引发许多乡村银行（Country Bank）因挤提而倒闭。到1793年共计26家乡村银行倒闭，金融恐慌蔓延至全国。资金短缺，融资无门，此时英格兰银行的贵金属储备已下降至400万英镑。英格兰银行对此无计可施，竟然错误地收紧银根，提高贴现率；金融危机不可避免地发生了。危机甚至传染至苏格兰，导致苏格兰皇家银行面临风险。伦敦商人不得不向政府求助，当时的英国首相皮特（Pitt）同意向商人们提供价值500万英镑的财政部票据作为支付工具，商人们则以各种商品作为担保。动议一经政府和国会通过，恐慌很快就停止了，因为危机的一多半根源在于人们的信心缺失，实际提供的信贷不过200多万英镑。

1794年至1795年英国经济持续繁荣，英格兰银行的储备又恢复到了700多万英镑的水平。人们似乎已经忘记了1793年的危机。但是一次更猛烈的金融风暴已在酝酿之中。英国参与了欧洲大陆的对法战争，战争使政府花费巨大，政府向大陆联盟的汇款在1794年达到800多万英镑，1795年高达1000多万英镑，外加400多万英镑的皇家海军费用，这让作为政府财政融资者和管理者的英格兰银行不堪重负。巨额资本流出使英镑的汇率下滑，英格兰银行此时本该减少纸币发行，但是由于担心皮特首相提出更多融资要求，英格兰银

---

① 数据来自 Andreades A. Translated by Christadel Meredith. *History of Bank of England* [M]. Cambridge, 1908.

行反而增加了纸币的发行，纸币开始贬值，铸币和贵金属不断流出英国，英格兰银行的储备不停地下降。1795年底英格兰银行不得不对每天的贴现额度进行限制。此时政府又不断提出新的融资要求。乡村银行尚未从1793年的危机中完全恢复，所以英格兰银行不得不同时应付这些地区的支付，这进一步减少了其储备。当1797年政治形势进一步恶化时，乡村银行又开始从英格兰银行提取尽可能多的铸币和贵金属。压死骆驼的最后一根稻草是法国特遣舰队出现在威尔士海岸的菲什嘉德湾。一连串事件导致恐慌蔓延至英国的各个阶层，人们纷纷将纸币兑换成铸币（金银币），储备继续减少，危机一触即发。1797年2月20日，纽卡斯维尔银行（Newcastle Bank）倒闭，消息传至伦敦，震惊金融界。银行倒闭接连发生，英格兰银行的储备降至接近100多万英镑，纸币的发行量也迅速下降了200多万英镑。窘迫的偿付能力和有限流动性迫使英格兰银行向政府求援。国王、政府和国会不得不召集紧急会议，一致同意英格兰银行在国会制定出应对政策之前停止现金（铸币和金银币）支付。于是英格兰银行于1797年2月27日停止现金支付（应对储备下降）。这时，英国著名的金融家和银行家们也聚集起来商讨对策，最终同意接受英格兰银行的纸币作为支付工具，该动议得到了伦敦城内主要银行家的支持。国会为此组成专门委员会商讨对策，委员会于3月提交了调查报告，该报告最终于5月3日被国会表决通过成为所谓"银行限制法案"（The Bank Restriction Act, 1797）。

1797年银行限制法案的主要条款包括：1. 英格兰银行被禁止用现金支付任何债权人，除对陆军和海军外不得使用现金做任何支付，

<<< 第四章 英格兰银行的嬗变——金融危机与1844年英格兰银行法（1751—1844）

也不得用现金执行枢密院的订单。2. 在限制期内，英格兰银行可以使用现金或纸币为公共服务预付不超过60万英镑。3. 任何在英格兰银行存款超过500磅的人，可从银行提取四分之三的存款额。4. 债务支付以银行纸币支付视同现金支付。5. 各政府机构按银行纸币面值等价接受英格兰银行发行的纸币，特别是税负的支付。6. 法案至少在6月24日前有效。限制法案实施至1821年，对英国的货币理论和货币体系产生了深远的影响。首先该法案实际上加强了英格兰银行纸币的地位，赋予其等同现金（铸币）的特殊地位，但是并没有确定其为法定货币，人们仍然有权拒绝接受它。而且正是由于限制法案，英格兰银行的纸币具有了不可兑换性（即不再按比例对纸币持有者支付铸币或金银），这使得政策制定者们看到了纸币发行的另外一个好处，通过发行不可兑换的纸币进行支付，能获取高额铸币税以支持政府财政。到1799年底，英格兰银行的纸币流通量已达到1200多万英镑。银行限制法案和纸币的超额发行支撑了当时的英国对法战争，于是对纸币能力的迷恋开始在英国政界和理论界蔓延，但是不久英国人就尝到了纸币过度发行的苦头，从而引发了19世纪英国政商界和学术界对货币理论（不可兑换纸币的发行规则及其后果）的大讨论，讨论的结果就是英国金融史上著名的金块报告［The Bullion Report，具体参见本节的第（三）部分］的出炉。实际上，认为纸币能够产生信贷扩张和国家财富的错误思潮在世界各国的金融史上都曾经泛滥过①。

---

① 如中国清朝王鎏所撰的《钱币刍言》，就极力鼓吹纸币发行对政府财政的益处。

(二) 工业革命对金融业的拉动

工业革命是西方文艺复兴之后科学发展、知识进步和制度革新（健全法制、产权保护等）的必然结果。工业革命首先发生于英国，随后席卷欧美，最终彻底改变了世界的面貌。学者们普遍认可的英国工业革命时间为1760—1830年①。工业革命既是技术革命，更是生产方式的革命。技术革命表现在新机器的不断被发明和使用，这首先发端于英国的纺织工业，1767年，哈格瑞午斯（Hargreaves）发明了多轴纺纱机，接下来的改进使得一个人可以同时处理100多头纺线，可由水力驱动。连续的改进使得一个人可以同时处理2200个纺锤，从而大大提高了纺织工业的劳动生产率，于是棉纺业成为英国最大的工业部门，从1780—1800年，英国的棉花进口增加7倍而纺织品出口增加了15倍半。随后，化石燃料（煤）的挖掘和使用、焦炭的使用使得冶铁工业迅速发展，运河的开凿和使用增加了工业原料和煤炭运输的便利，降低了生产成本；蒸汽机的发明（瓦特），解决了工业生产和运输的动力，为工业带来了革命性的影响。这一系列的发明创造和技术创新彻底改变了英国的工业生产方式。动力机械设备的使用促进了各种形式的工厂企业大量出现，更加专业化的劳动分工提高了工人的工作技能和生产效率（Smith，亚当·斯密，1776），工业组织形式开始多样有效，工业发展及其产生的巨大利润使得英国很快成为欧洲乃至世界的工业强国。工业革命极大提高了英国的劳动生产率，人们的收入水平也快速增长，根据麦德森

---

① 参见剑桥现代英国经济史（卷一）。

<<< 第四章　英格兰银行的嬗变——金融危机与 1844 年英格兰银行法（1751—1844）

(Maddison, 2003)的估计，到 1820 年，英国的人均 GDP 比荷兰高出约 36%，比法国高出 44%，英国已迅速成长为世界上最富裕的国家，英国的人口也从 1760 年的 600 多万增加至 1830 年的 1300 多万[1]，人口增速在英国历史和欧洲发展史上都是史无前例的。工业革命之前，西欧特别是英国的经济发展水平和富裕程度与中国长三角地区基本相当，但是工业革命结束时中英经济发展水平差距已明显拉大，差距逐渐增大且呈现加速趋势。工业革命更为 19 世纪后期和 20 世纪上半叶英国和欧美经济的飞速发展奠定了资本、技术和金融基础。

工业革命促进了工商业在英国各地的发展，而工商业的加速发展需要金融业的支持。由于英格兰银行的业务集中于伦敦，彼时并未在其他地区设立分支机构。于是地区性的乡村银行（Country Bank）发展了起来，英格兰银行对乡村银行的发展给予了大力支持。乡村银行为当地的工商业提供信贷并发行纸币，数量急剧增加。1793 年，可以发行纸币的乡村银行的数量为 280 个[2]。1809—1810 年，登记注册的乡村银行数量已达到 800 个左右[3]。合作股份银行（Joint Stock Bank）在工业革命中后期开始大量涌现，一方面是工业发展对金融信贷的需求所致，另一方面也与工业发展相互促进与影

---

[1] 数据来自［英］克在潘. 现代英国经济史（卷一）[M]. 姚曾廙译. 北京：商务印书馆，1997：2.

[2] Davies, Glyn. *A History of Money—From Ancient Times to Present Day* [M]. University of Wales Press, Cardiff, 2002: 286.

[3] Clapham, Sir John. *The Bank of England, A History* [M]. V1—2, Cambridge University Press, London, 1944: 2.

响。英国地方银行业的迅速发展为工业发展提供了有力的信贷支持，以伦敦为中心的英国银行体系为英国18、19世纪工业起飞奠定了金融基础。

（三）金银块报告、19世纪上半叶的金融危机及其后果

1800年，英格兰银行的许可经营权再次获得延长至1833年，代价是向政府提供为期六年的300万英镑无息贷款。1797年英国国会通过的银行限制法案本应该在1802年9月到期废止。但是在英国财经重臣们的建议下，尽管金银开始流回英国，英镑的兑换率也开始下降，该法案有效期仍被延长至1803年3月。不久英法战争①的再次爆发使得该法案的有效期被延长至1819年。这次延期引起了有关不可兑换纸币发行的很多理论争论。对于纸币发行，亚当斯密在《国富论》中曾经指出，由于货币不是财富，只是商品交换的媒介，因此使用纸币来代替金属货币是有好处的，因为纸币能产生同样的交易便利，同时可以减少货币发行和维持的费用，从而增加国民收入。但是纸币的发行不应超过流通领域国内全部年产物所需的货币量②。斯密的同乡和学术密友，哲学家休谟是货币数量论的提出者，他认为："严格地说，货币只是人们约定用以便利商品交换的一种工具。它不是贸易机器上的齿轮，而是一种使齿轮的转动更加平滑自由的润滑油。如果单就一个国家自身来考察，那么货币量的多寡是无关紧要的；因为商品的价格总是与货币的数量成比例的。""所以

---

① 此次英法战争从1803年延续到1815年6月18日，最后以拿破仑在滑铁卢的彻底失败而告结束。英国在战争中的财政耗费巨大。

② 参见 Smith, Adam. *The Wealth of Nations* [M]. The Modern Library, New York, 1937.

第四章　英格兰银行的嬗变——金融危机与1844年英格兰银行法（1751—1844）

不妨认为：应让国有的公司享有那种纸币信用的好处……不过要是人为地扩大这样一种信用，恐怕绝不会对任何贸易国家有利，而是使这些国家蒙受不利。因为超出与劳动和商品的正常比例来增加货币，只能使商人和制造业主出更高的价格去购买这些东西。"① 显然，英国18世纪的古典政治经济学家们早已对纸币及其发行给出了解释和忠告。在银行限制法案实行的初期，英格兰银行的纸币发行较为审慎，但是情况逐渐发生了变化，一方面随着英法战争的深入，英国禁止了与法国及其盟国有关的商品的进口，导致了商人们对这些商品进行投机。随着法国占领了西班牙和葡萄牙，他们在美洲的殖民地也相继独立，从而为英国的产品找到了新的目的地和原料来源，于是商品投机加剧，1720年的狂热气氛又重新降临英国，英格兰银行非但没有采取措施抑制狂热，反而通过货币发行助长了狂热。另一方面，深陷英法战争中的英国政府需要英格兰银行的财政支持，而纸币的大量发行满足了财政需求。1797年英格兰银行贴现的纸币价值约为300万英镑，到1809年达到1500万英镑左右，一年后（1810）已超过2000万英镑。拥有纸币发行权的乡村银行数量也不断扩张，从1797年的230家增加到1810年783家②，这些银行也不断增加纸币的供应。1810年，英格兰银行发行了2100万英镑的纸

---

① ［英］大卫·休谟. 陈玮译. 休谟经济论文选［M］. 北京：商务印书馆，1984：29，31.
② Floud, Roderick and Paul Johnson. *The Cambridge Economic History of Modern Briton*, V1, V2, V3, 2004—2008［M］. Cambridge University Press.

币，而783家乡村银行更发行了约3000万英镑的纸币①。这种没有法定准备基础的纸币的发行，一方面升高了金银的价格，另一方面导致物价上涨和英镑汇兑率的下跌。于是英国国会不得不于1810年6月组成一个委员会来调查发生这些状况的原因，该委员会被命名为金银块委员会（the Bullion Committee）。该委员会的报告，就是著名的所谓《金银块报告》（The Bullion Report）。

围绕《金银块报告》形成的争论主要在两个学派之间展开：所谓银行学派（与后来的凯恩斯主义有渊源）和通货学派（后来的货币主义者，货币数量论是其主要思想主张）。以英格兰银行的一些董事为主的银行学派，坚持认为贵金属价格升高和汇兑率下降是由于国际收支恶化产生的结果，而金银块委员会的委员们显然吸收了李嘉图的论点②，代表了通货学派（货币数量论者）的主张。《金银块报告》的主要结论为：1. 银行券（纸币）因发行过多而贬值。由于纸币停止兑换贵金属，因此黄金已不再作为价值标准。作为流通媒介的纸币的价值只与其数量成比例地变动。2. 汇兑率的下跌可能是银行券（纸币）过度发行的结果。可以确定的是，两地汇兑率的差别不应超过交通费用（运输和保险费用）。把金银块从伦敦送到荷兰的交通费用不超过7%，但实际汇兑率下降了20%，多余的13%只

---

① Andreades A. Translated by Christadel Meredith. *History of Bank of England* [M]. Cambridge, 1908: 219.

② 英国著名政治经济学家李嘉图（Ricardo）早于金块委员会成立之前就对价格上涨和纸币发行进行了研究，并为此撰写了著名文章"The high price of bullion a proof of the depreciation of bank notes"。李嘉图将物价上升的原因归咎于英格兰银行的纸币超发，金块委员会的观点基本与李嘉图一致，都坚持古典货币数量论，但他们都将主要责任归于英格兰银行，而忽视了700多家乡村银行的纸币发行。

能用纸币过度发行来解释。3. 政府应采取政策监管纸币发行，该政策因应纸币具可兑换性和不可兑换性而改变。4. 过度发行的原因是由于现金支付的终止。5. 解决目前问题的最好方法就是恢复纸币的兑换性①。遗憾的是国会并未立即采纳《金银块报告》的观点，而是信任了英格兰银行的董事们。与其说这是支持了银行学派的思想，不如说这是出于战争财政的需要。到1814年第三季度，英格兰银行的纸币发行量已达历史最高值2860万英镑，对政府的贷款超过4000万英镑，最高值为4600多万英镑。如果没有英格兰银行的财政支持，很难说会不会有英国1815年6月在滑铁卢对拿破仑的最终胜利。正如一位美国经济学家评论的，如果《金银块报告》的主张被国会接受，可能就不会有后来的大英帝国了②。但是，纸币的过度发行显然有利于债务人而损害了债权人的利益，而大部分债权人均为地主和贵族阶层，沉重的铸币税和物价的上涨加重了大部分国民的负担，这为战后尽快解除限制法案奠定了基础。

到1816年，随着对法战争的结束，英格兰银行的纸币发行和对政府贷款逐渐下降。也就是在这一年，英国正式立法确立黄金为英镑的价值标准，国会通过的《金本位法案》规定金币是英国真正的和唯一的价值标准，标志着金本位制的开始③。战后英国经济形势开始好转，英格兰银行的储备逐步增加，到1817年8月其金银储备

---

① Andreades A. Translated by Christadel Meredith. *History of Bank of England* [M]. Cambridge, 1908.
② Clapham, Sir John. *The Bank of England, A History* [M]. V1—2, Cambridge University Press, London, 1944: 19.
③ 有关金本位制的讨论详见本章第四部分第（四）节。

达到1170万英镑，黄金的价格也由战前的5英镑11先令下降至3英镑19先令。国会组成专门委员会［皮尔（Peel）委员会］，开始讨论是否恢复纸币的现金兑换（废除限制法案）①。英格兰银行对此持反对态度，但是皮尔委员会采纳了包括李嘉图等经济学家们的建议坚持恢复纸币的可兑换性，作为妥协，英国政府返还其向英格兰银行筹借的1000多万英镑短期债务，虽然其后并未兑现。委员会报告的最终结果形成了所谓的1819年法案（皮尔法案，Peel's Act），法案的主要条款包括：1.限制法案维持至1823年5月1日，然后终止。2.在1820年2月1日至10月1日间，英格兰银行以每盎司四英镑兑换其发行的纸币。3.1821年10月1日至1821年5月1日，纸币与黄金的兑换率为每盎司3英镑19先令6角。4.1821年5月1日至1823年5月1日间金块兑换率为3英镑17先令10.5角。5.金银和铸币可以自由交易。6.该法案还包含了一个最重要的一个条款：英格兰银行未经国会授权不得向政府提供贴现和贷款。确有必要时，政府需以书面形式向国会同时呈递其请求和英格兰银行董事会对该请求的答复②。

限制法案废除后，英格兰银行开始回收纸币，特别是小额纸币，包括乡村银行发行的纸币。纸币回收的结果自然是英国物价水平的下降。货币只是导致当时英国物价下跌的原因之一，另一个原因是英国农业进步增加了农产品的供给，更重要的原因应该是，工业革

---

① 李嘉图赞成尽快恢复兑换，他认为恢复兑换不会产生不变，可能让英国的物价下降4%。他的观点被皮尔委员会采纳。

② Andreades A. Translated by Christadel Meredith. *History of Bank of England*［M］. Cambridge, 1908：242.

<<< 第四章 英格兰银行的嬗变——金融危机与1844年英格兰银行法（1751—1844）

命，技术进步导致的劳动生产率的提高，极大增加了英国的总供给水平。恢复货币的可兑换性后，英国连续几年风调雨顺，英国经济从1821年至1824年持续向好，一派繁荣景象。到1824年，英格兰银行的储备已达到历史最高的1420万英镑。1822年英国国会通过法案授权英格兰银行和其他公共银行增加纸币发行。纸币的大量发行导致价格上升，利率下降，政府借贷利率从5%降至4%。低利率激发了人们的投资热情和冒险精神。投机热潮再现，由于南美洲此时相继脱离西班牙而独立，与南美有关的投机活动不断升温。据估计，到1825年初，与南美有关的投机交易金额已达一亿五千万英镑[1]。这种投机狂热让人们又回忆起了1720年的情景。大量新公司成立，其股价飞速上涨，商品的价格也随之成倍增长，但是投机泡沫不可持续，总要破碎。

1825年夏天，随着几家大公司因资金链断裂而破产，飞涨的物价开始逆转，人们开始抛弃纸币，兑换贵金属。英格兰银行的储备迅速下降，几年来过度发行纸币的恶果开始显现。到1825年底，英格兰银行不得不将贴现率提高至5%，但这已不能阻止其储备的继续下降。最低时英格兰银行的储备已低至100多万英镑。人们纷纷兑换和窖藏铸币，于是流通中的铸币短缺，而著名的伦敦银行的倒闭更是加剧了人们的金融恐慌，金融传染效应导致50多家大型银行相继破产。尽管国家铸币机器日夜加班，英格兰银行也通过购买财政票据和贴现票据不断向经济体注入铸币，但是铸币仍然不断退出流

---

[1] 数据来自 Andreades A. Translated by Christadel Meredith. *History of Bank of England* [M]. Cambridge, 1908.

通。接下来36个乡村银行的倒闭让金融市场几近崩溃。英格兰银行被迫救助一些重要银行，并向经济注入流动性。最后是法国人送来了英国急需的黄金①，法兰西银行和罗斯柴尔德家族的救助，以及英格兰银行和政府的不断努力，使得金融市场在1825年年底终于逐步稳定下来。法兰西银行对英格兰银行的此次救助应该是中央银行历史上的首次相互协调和救助。1826年国会开始对1825年的金融危机进行辩论，代表辉格党的皮尔（Peel）和代表保守党的时任首相利物浦（Liverpool）的观点被大家接受，并最终形成了1826年法案。该法案首先废除了1708和1742年法案②中乡村银行的垄断权，重组了乡村信贷体系，允许英格兰银行在地区建立分支机构，并鼓励新的具有发行权力的股份制银行的设立。1826年法案的第二个重要条款就是限制小额面值的纸币的发行，5英镑以下的纸币发行被禁止，当时认为这些小面值纸币的发行会引起价格上升和投机活动增加。从1826年开始，英格兰银行陆续开始在英国的主要城市设立分行和代理机构，这些分支机构的设立加速了英国银行业的整合和一体化进程。

1825年的金融危机引起了人们对英格兰银行纸币法律地位的讨论，因为危机时人们总是抛弃纸币而选择贵金属和铸币，显然，纸币的法定化会避免危机时对英格兰银行的挤提。另一方面，危机让

---

① 法国应英国请求于1825年12月19日送来了第一批价值40万英镑的黄金。Clapham, Sir John. *The Bank of England, A History* [M]. V1—2, Cambridge University Press, London, 1944：101.
② 1742年法案禁止在乡村成立6个合伙人以上的股份制银行，从而导致大量小型乡村银行的出现。

第四章 英格兰银行的嬗变——金融危机与1844年英格兰银行法（1751—1844）

人们关注高利贷法的问题，因为高利贷法案规定了最高利率，限制了英格兰银行干预危机的能力。最终，1833年英国国会通过了在英格兰银行发展历史上具重要意义的1833年法案。该法案首先规定英格兰银行发行的纸币为法定货币（Legal Tender），这是英格兰银行成立迄今从未获得的地位。法案免除了英格兰银行遵守高利贷法的义务，从而使得英格兰银行可以将贴现率提高到5%以上。法案还要求政府返还其欠英格兰银行长期债务的四分之一，使英格兰银行的长期公债持有存量由1400多万降至1000多万英镑。同时，英格兰银行的特许权被延期至1855年。另外，该法案也确认了无纸币发行权的股份制银行的合法性。1833年以后，很多重要的股份制银行相继成立，如著名的伦敦和威斯特敏斯特银行，在某些业务上这些银行是英格兰银行的竞争者。尽管如此，鉴于英格兰银行对伦巴第街的影响力，以及其在英国各地分支网络的壮大和发展，英格兰银行已不再是传统意义上的"伦敦城银行"，而成为真正的"英格兰的银行"，矗立在英国金融体系的中枢核心位置。

1833—1836年，英国经济重新繁荣，股份制银行的设立为经济繁荣提供了金融支持。当时最重要的经济事件就是英国第一条铁路线的建成，引发了铁路投资热潮。经济繁荣再次导致投机狂热，只不过这一次投机的对象是房屋建设。美国的投资热潮导致其资金短缺，从而吸引了大量的英国资金。实行复本位制的美国不断用银币在英格兰市场购买黄金，高回报让黄金从英国流向美国。从1836年初，投机活动的后续效应显现，英格兰银行的储备开始下降，到1836年底，其储备已降至400多万英镑。英格兰银行不得不将贴现率提高至5%以上，而且拒绝向股份制银行提供再贴现。1836年11月，爱尔兰的很多银行陷入困境，深陷爱尔兰和美利坚投机热潮的曼彻斯特北部和中心银行向英格兰银行求助，被英格兰银行拒绝。但是由于该银行规模巨大，任其倒闭将影响到英国整个金融市场的稳定，英格兰银行被迫向其提供资金，援助金额达到了137万英镑。1837年初，伦敦城内的很多银行因为美国房地产泡沫破裂而陷入困境（贷款被违约），英格兰银行又不得不向银行体系提供了约600万英镑的流动性来挽救整个银行体系，这应该是英格兰银行首次发挥最后贷款人职责。也是在这一过程中，英格兰银行不断接触英国股份银行在美国的债务人美利坚银行，并与之建立了业务联系。到1838年，危机缓和，英格兰银行的储备也恢复到1000多万英镑。但是这一年英国遭受了最严重的歉收，谷物价格飙升，英国不得不进口谷物。进口谷物的价值约1000万英镑，导致黄金严重外流，而且，这一次的危机是国际性的，法国、比利时和美国都面临银行的挤提危机。英格兰银行当时犯下毁灭性的错误，危机时刻降低利率并允许黄金流出。到1839年5月英格兰银行才开始提高贴现率至5%，但为时已晚，其储备到6月份已下降至约400万英镑，英格兰面临破产的命运。幸亏巴林银行和法兰西银行再次出手相救，向其提供了为期3个月约4800百万法郎的信贷支持，英格兰银行才免除大难，避免了倒闭。到1839年9月其储备降至200多万英镑，然后开始逐渐恢复，1840—1841年，英格兰银行的储备始终低于500万英镑。1841年著名的皮尔（Peel）成为英国首相，受惠于其实施的财政改革，以及1842年的好收成，到1842年3月英格兰银行储备恢

<<< 第四章 英格兰银行的嬗变——金融危机与1844年英格兰银行法（1751—1844）

复至700万英镑水平，1843年3月恢复到1100万英镑[1]。危机期间英国有63家乡村银行停止支付。

1825和1836—1839年的金融危机对英国金融和货币体系改革产生了深远的影响，最终催生了1844年英格兰银行法。（危机是最好的老师！）

三、1844年英格兰银行法的主要内容及其影响

（一）货币发行的银行原理和通货原理

频繁的金融危机让英国人开始寻找问题的根源，最后聚焦于货币（纸币）的发行上，形成了两种最具代表性的经济学思想——纸币发行的银行原理和货币原理。

银行原理的倡导者，以《价格史》（*History of Prices*）的作者图克（Tooke）为代表，反对限制货币（纸币）发行的数量，但是并不反对监管纸币发行的质量。他们认为只要维持纸币的可兑换性，纸币的过度发行就不会对发钞行和公众利益产生危害。但是如果失去可兑换性，则纸币发行过度的危险显而易见。他们认为，首先银行发行纸币是基于贴现或者贷款，即基于商业活动的真实需求（real bill doctrine）。其次，银行发行的纸币流通时间不长，应该很快回到银行（基于其可兑换性），因为如果发行过多，就会贬值，持有者会快速去银行兑换铸币，因此不存在过度发行的问题。批评者认为，虽然可兑换性保证了流通中的纸币不可能过度（基于可兑换性），但

---

[1] Clapham, Sir John. *The Bank of England, A History* [M]. V1—2, Cambridge University Press, London, 1944: 159, 177.

是过量发行却改变了银行的储备水平（过量发行导致纸币持有者过量兑换铸币，引起银行铸币和贵金属储备下降），因而引起储备流失。

纸币发行通货原理的倡导者持有与金银块委员会委员相同的观点。首先他们认为作为法定纸币发行机构的英格兰银行和普通商业银行不同，负有维持国家储备以满足国际交易的职责。以欧文斯通（Overstone）和劳德（Loyd）为代表的通货学派认为，给定世界黄金储备数量确定，每一个国家的贵金属份额依其禀赋确定，只使用贵金属货币时，其进出口贸易和国民支付帐户自动调节平衡①。当一个国家同时使用纸币和金属货币时，如果出现贸易不平衡时，贵金属流出，此时纸币发行会增加，因为货币总量未变，价格没有下降，从而不能自动增加出口使贵金属回流，极端情况会加剧贸易不平衡和贵金属持续流出。所以纸币的发行应根据国内贵金属的储备进行调整（贵金属储备减少时应减少纸币发行）。反对通货原理的人们认为，在出现贵金属流出危机时银行应主动增加纸币发行，增加流动性以挽救经济，而不是紧缩通货，那是危机度过后应采取的措施。另外通货原理也忽略了银行存款能够发挥货币功能这一点。

通货原理提倡者提出的治理金融危机的方法主要包括三点：一是按照纸币所代表的铸币的价值的波动来控制纸币流通量；二是将英格兰银行分成两个部门并定期公布其资产负债表，一个部门专责纸币发行，另一部门管理银行业务。三是英格兰银行有义务以固定

---

① 该理论来自大卫·休谟。

价格买回黄金（维持纸币的可兑换性和兑换比率）。

当时的英国首相皮尔（Peel，1841—1846任英国首相）显然更赞同通货原理。他在国会作证时作了如下的陈述：

"基于理性我们应作出如下的推断，任何给定物品的自由竞争都会导致该物品的丰裕供给且价格最低。但是我们不需要缺乏承诺的纸币的丰裕供给。我们只需要恰好数量的纸币，该数量使其价值等于其代表的铸币的价值。在这种体系下，将维持供给的纸币价值等于铸币，纸币供给的数量随时变动以保证其可随时兑换为铸币，这样才能确保人们对纸币发行者偿付能力的完全信心。这就是我们需要的纸币发行体系。"[1] 因此，有必要对纸币发行进行监管，以使发钞行监测铸币的流入流出来调整其纸币发行，否则，纸币就可能过度发行。为此，需要建立一个控制纸币发行并监管其他银行的中央银行，与其重新建立一个中央银行，不如选择英格兰银行担当这一重任。纸币发行的争论最终促成了1844年的英格兰银行法，而皮尔的主要观点也被写入该法案。因此1844年法案也被称为皮尔法案。

（二）1844年英格兰银行法及其影响

1844年英国国会下院以185票对30票批准通过英格兰银行法案，在贵族院该法案也没有遇到阻挠。法案的通过象征着通货主义的一次彻底胜利。法案的全称为"监管银行纸币发行并授予英格兰银行有限期间内某些优先权的法案"，显然该法案的重点是制定银行

---

[1] 该引用源自 Andreades A. Translated by Christadel Meredith. *History of Bank of England* [M]. Cambridge, 1908.

纸币发行规则，其主要条款均采自货币学派的思想，包括①：

1. 有关英格兰银行的条款：

（1）1844年8月31日后，英格兰银行被分为两个部门：发行部门和银行部门。政府债务和其他债券及金币和金银块共计1400万英镑划归发行部。发行部的银储备不得超过金储备的五分之一。据此储备英格兰银行可以发行价值1400万英镑的纸币，额外的任何发行必须有铸币和金块储备。

（2）其他拥有发行权的银行不得增加发行额度，且发行必须获得许可，而且国会有权在将来某一时刻停止其发行权。停止纸币发行的银行，可将其发行额度转给英格兰银行。

（3）英格兰银行免于缴纳发钞印花税，但因其管理国债和纸币发行获得的收益给付给政府的费用由12万英镑增至18万英镑。

（4）任何人有权以每盎司黄金向英格兰银行换取3英镑17先令9角纸币，换言之，英格兰承诺以此固定价格无条件回购和卖出黄金。

（5）英格兰银行需每周提供会计报表给政府并刊行于伦敦邸报（London Gazette）。

2. 关于乡村银行

之前拥有发行权的乡村银行的纸币发行受到限制，每次发行量不得超过1844年4月27日前12周的平均值。银行倒闭时发行权自动终止，银行合并不再拥有原发行权。乡村银行发行的纸币不是法

---

① 参见 Andreades A. Translated by Christadel Meredith. *History of Bank of England* [M]. Cambridge, 1908.

第四章 英格兰银行的嬗变——金融危机与1844年英格兰银行法（1751—1844）

定货币。

事实上，1844年银行法使得英格兰银行垄断了英国法定货币的发行，此时英格兰银行已经具有国家法定货币的垄断发行权，和经理国库、管理国家公债的职责，因此拥有了准中央银行的地位，虽然当时还没有被冠以"中央银行"的称谓。

被分拆为发行部和银行部后的英格兰银行资产负债表（1844年9月7日）如下：

表4-1 英格兰银行资产负债表（1844）

发行部			
资产		负债	
政府债	11015100	纸币发行	28351296
其它证券	2984900		
金币和金块	12657208		
银块	1694087		
合计	28351296 英镑	合计	28351296

银行部			
资产		负债	
政府证券	14554834	所有人权益资本	14553000
其它证券	7835616	其它	3564729
纸币	8175025	公共存款	3630809
金银铸币	857765	其它存款	8644348
合计	31423240 英镑	7天和其它票据	1030354
		合计	31423240

数据来源：Andreades A.（1908），p290.

作为准央行的英格兰银行，当年发行纸币的具体做法包括，每天对发行的纸币进行编号和登记，发行后被兑换返回英格兰银行的纸币不再投入流通等等。据统计，在19世纪中叶，英镑纸币的流通周期平均为 70 天①。1844 年后，拥有发行权（非法定货币）的其它银行的纸币发行量急剧下降，到 20 世纪初，其发行量已微不足道。另外一点值得注意的是，英格兰的货币流通量相对于其他欧洲国家规模较小，这是由于在英格兰商业交易中普遍使用支票和银行票据进行支付，因而为票据结算服务的清算所（Clearing House）发展迅速且结算技术先进。特别要指出的是，1844 年法案是纯粹的"英格兰"法案，涉及的纸币发行仅限于英格兰和威尔士地区，不及苏格兰和爱尔兰，因为后面两个区域有其独特的银行体系和货币发行机制。

1844 银行法极大增加了英格兰银行的透明度，因为其资产负债表必须定期向政府和公众公布。英格兰银行此时被人为地分为发行部和银行部，其资产负债表也按照这两个部门分列。发行部门的负债即为其发行的法定纸币，而资产包含黄金块和金币储备（约占三分之二），政府债务和其他债券。银行部门的主要负债为各种存款，资产为金银铸币，政府债务及其他债券，二者的差额为所有者权益。被人为地一分为二的英格兰银行，其处理突发需求的能力相对有所下降。

另外，1844 年银行法规定英格兰银行有义务以固定价格回收黄金，使其有时不得不被动增加储备，有时又被迫减少储备，因而加大了贴现率的波动。

---

① 数据来自 Andreades A. Translated by Christadel Meredith. *History of Bank of England* [M]. Cambridge, 1908.

<<< 第四章 英格兰银行的嬗变——金融危机与1844年英格兰银行法（1751—1844）

（三）李嘉图的国家银行计划

早在1824年，李嘉图就提出建立国家发行银行的计划（Plan for the Establishment of a National Bank）①，该计划提议的国家银行概念比1844年银行法下的英格兰银行更接近当代的中央银行。

按照李嘉图的设想，应该将英格兰银行发行纸币的功能剥离出来，成立专门的国有银行来承担货币发行职能，所发行纸币具有同样的可兑换性，这样由于国家发行的纸币为法定货币，就可以取代流通的贵金属，成为广泛流通的、被普遍接受的交易媒介，为工商交易带来便利。英格兰银行发行纸币是基于政府在英格兰银行的债务（资本金），利用所设立的国家银行发行的纸币清偿这部分债务，可以为政府省下年息3%的利息支付，这是一笔不小的数目。由国家银行发行纸币，纸币发行的收益将归国家所有，而商业部门和个人的利益并不因此受损。进一步的，李嘉图建议将英格兰银行"经理国库"的功能也收归该国有银行，这将省下每年支付给英格兰银行的公共债务管理费。对于由国家银行发行纸币可能产生的不利之处，即纸币滥发的可能性，李嘉图建议的解决办法是，由国会选举产生一个理事会来管理该银行，授权理事会严禁银行向政府借贷（贴现），理事会独立于政府，理事会成员（理事会成员以5个为最佳）不受政府官员的管辖，这样理事会的权力不低于现英格兰银行董事会的权力，因而对纸币发行的控制不会弱于英格兰银行。如此的制度设计可以避免国家银行沦为政府的提款机，政府增加收入只能通

---

① 参见 J. E. MCULLOCH（1871）编撰的 *Works of David Ricardo*。

过税收和发债等法律手段。

李嘉图认为，当国家银行的基金足够丰裕时，就可以进入公开市场（Open Market）通过买卖政府债券来调节纸币的发行和流通量（公开市场操作）。

李嘉图给出了设立该国家银行的具体实施步骤，其关键在于，国家银行通过发行法定货币，回收所有英格兰银行和其他乡村银行发行的纸币，其他纸币限时停止流通。这样就在全国范围内统一了纸币发行，同时用法定纸币收购英格兰银行持有的国债，将国债管理权收归己有。在全国各区域设立分支机构处理区域纸币发行和汇兑事宜。法定纸币与黄金按固定比例兑换。纸币发行实行分界原则，新发货币回收旧币；在国家银行建立黄金和贵金属的储备；立法严防纸币的伪造和流通。发行票面1英镑的纸币。由于纸币具有可兑换性（无条件按比例兑换成黄金和铸币），因而可以避免纸币的滥发。

可见，李嘉图计划设立的国家银行完全是一个国有中央银行的雏形，一旦实施，英格兰银行就会变成一个无关紧要的普通商业银行，世界中央银行史将被改写。考虑到英格兰银行最终于1946年被收归国有，而且世界各国的大部分中央银行都为国有，李嘉图的设想当时虽未得到实施，但其对中央银行功能和职责的深刻认识与远见卓识仍令人钦佩不已。

第五章

大英帝国的中央银行：英格兰银行在1845—1913

一、1844年后的金融危机及对1844年银行法的修改

1844年银行法实施后，英格兰银行的利润持续增加，贴现率也从4%降至了历史低位2%，英格兰银行的黄金储备接近其总资产的一半①，这似乎证明英国的经济和金融系统又一次运行在正确的轨道上。

1845年爱尔兰发生土豆歉收，而土豆是爱尔兰的主食，土豆歉收导致饥荒，几百万爱尔兰人不得不移民新大陆。爱尔兰的饥荒很快波及英国本岛，粮食歉收让整个国家充满了恐惧，为了放开粮价，以进口国外的粮食来缓解危机，1846年，英国国会经过激烈辩论，最终废除了实行了30多年的保护国产粮食的《谷物法》，这也标志着英国彻底放弃了贸易保护主义政策，开始全面倡导和实施自由贸易规则。《谷物法》废除后，英国进口了大量的粮食，巨额的进口量

---

① ［美］埃文·蕾切尔·伍德. 陈晓霜译. 英美中央银行史［M］. 上海：上海财经大学出版社，2011：94.

和高昂的粮价让英国的黄金储备急剧减少。除了粮食歉收，在英国同时上演着另一幕戏剧：对铁路的投资狂热。铁路投资热曾经是1836—1839年金融危机的祸源之一，但是这一次的铁路投资狂热来得更猛烈。据统计，英国1845年的铁路投资额是1837年的6倍，而在1847年这一倍数放大到13倍多。到1847年1月，铁路投资在英国国内吸收了450万英镑资金，而从国外进口谷物耗费了165万英镑资金[①]。投资狂热吸收了英国银行体系的大量信贷资产，催生了巨大的信贷泡沫，1847年中，泡沫破裂，危机发生。

  粮食进口引起的黄金流失和铁路投资狂热的戛然而止导致英格兰银行储备迅速下降，由1846年底的1500多万英镑下降到1847年四月的900多万英镑。英格兰银行不得不将贴现率由2%提高至5%，并开始限制贴现，市场利率因而飞升至10%，黄金开始回流。但是到8月份，那些因谷物价格高涨而大量进口粮食进行投机的商人因1847年的粮食丰收而破产，这些商人的贷款违约引发了市场恐慌，恐慌影响了几乎所有行业。到1847年10月，英格兰银行意识到了危机的严重性。但是英格兰银行并未采取宽松的政策，而是将贴现率提高到5.5%，并不再向以股票作为担保的借款人提供贷款，这使得股票市场承受了巨大的抛压，恐慌在股票市场及市场外蔓延。企业开始破产，银行因企业违约而相继倒闭。10月18日利物浦最大的银行利物浦皇家银行倒闭，接下来在曼城、纽卡斯和西英格兰均有大量银行陆续倒闭。危机期间英格兰银行曾经向商业部门和这些濒

---

① Clapham, Sir John. *The Bank of England, A History* [M]. V1—2, Cambridge University Press, London, 1944: 199.

临倒闭的银行提供了流动性支持,但是未能挽救他们的破产命运。到 10 月 23 日,英格兰银行的黄金储备已经下降至约 150 万英镑。政府和国会不得不开始干预,当时的财政大臣给英格兰银行董事会写信,允许英格兰银行超越 1844 年银行法的限制来发行货币,消息传出,市场产生了 1844 年银行法即将被废止的预期,于是市场信心神奇地开始恢复,被窖藏的黄金和铸币又恢复流通,英格兰银行并未真正超发货币就实现了储备的增长,储备很快恢复到稳健水平。

同历次金融危机发生后的情形一样,英国国会于 1847 年底组成调查委员会讨论此次危机的原因和教训。争论围绕在 1844 年法案是否有效和应否废除上。以前首相皮尔为代表的一派坚持认为 1844 年银行法案是有效的,该法案有效地维持了纸币的可兑换性,并阻止了滥发纸币所带来的信贷扩张产生的波动。况且任何法案都不可能代替危机时的特别措施,而政府在此次危机时采取的特殊干预措施也是得当的,因此不存在废除法案的问题。但是可以在维持 1844 年法案主要原则的前提下对法案进行修改。另一派则以诺曼(Mr Norman)和劳埃德(Mr Loyd)为代表,坚持认为 1844 年银行法既不能阻止狂热投机行为,也不能阻止商业危机的重复发生,因而也不能让市场免于剧烈波动,因此应该废止 1844 年银行法。鉴于英国人的保守和妥协特性(这也许是英国民族传统和文化的优点),国会调查委员会在 1848 年的报告中决定采纳前者的观点。也就是在这一年,英国古典学派的集大成者约翰·穆勒出版了其经济学名著《政治经济学原理》,对古典经济学的理论和思想做了系统的梳理和总结。

1848 年之后的 10 年间,英国享受了工业革命带来的持续经济繁荣和社会进步。这段时间内，世界贸易规模急剧扩张，英国因其先进的工业技术和航海能力得益颇多、出口量剧增。1854年，英国永久废除了当时仅具象征意义的高利贷法，因为该法自1833年后已对英格兰银行失去效力，1839年后对所有商业借贷已无实质约束力。1853—1856年，在英法联盟和沙皇俄国之间爆发了克里米亚战争，战争以俄国的战败而结束，战争结束后在巴黎和会上签订的巴黎和约对其后的世界政治经济秩序产生了重要而深远的影响。

1849年，美国加利福尼亚和澳大利亚发现金矿，西方世界掀起了一股淘金热潮。加利福尼亚的金矿使得美国经济的重心开始由东部向西部倾斜，带动了美国横贯东西的铁路建设的热潮，美国10年间建成的铁路里程长达约33000多公里，是英国铁路总里程的四倍多。铁路投资热需要大量的资金，于是为铁路建设筹资的银行业迅速发展，投资狂热背后是信贷规模的扩张：信贷在10年间增长了100%。同史上历次的金融危机一样，没有足够资本支撑的信贷泡沫最终必然破裂，唯一的不同只是这一次是发生在美国而不是欧洲。压死骆驼的最后一根稻草是美国俄亥俄州寿险公司和辛辛那提及纽约信托公司的倒闭，留下高达700多万美元的负债。华尔街股票市场闻讯一片恐慌，股价暴跌。人们开始疯狂窖藏货币，存款消失，银行面临挤提。1857年10月开始，美国的几大铁路公司破产，与铁路投资有关的商业银行纷纷倒闭。倒闭银行的数量达到了1415家，位于美国金融中心纽约的大银行也大多停止了支付（63家银行有62家停止支付），银行系统瘫痪。工业革命以来一场最大规模的，也是

<<< 第五章 大英帝国的中央银行：英格兰银行在1845—1913

真正意义上的第一次国际金融危机①（货币危机）从美国爆发。

美国当时经济的繁荣吸引了来自彼时世界第一工业大国英国的大量投资（据统计约有8000万英镑之多），所以美国铁路公司的破产和银行业的崩溃很快伤害到英国。利物浦首当其冲，利物浦博洛夫（Borough）银行首先出现问题，与其关联的伦敦银行受到影响。金融冲击也传递至欧洲大陆，1857年9月份，阿姆斯特丹和柏林的贴现率已升至6.5%。1857年10月，英格兰银行将其贴现率由6%提高至8%，其储备下降到不足900万英镑。11月份，英国开始有企业倒闭，利物浦博洛夫银行破产，陆续出现更多的银行关门。英格兰银行不得不提供救助，加上贴现的急剧增加，导致其储备持续下降，到11月中旬贴现率已升至10%，储备已不足150万英镑，而下降仍在继续。于是英国政府故伎重演，再次由财政大臣写信给英格兰银行，允许其超越1844年银行法的限制发行纸币，市场担心开始减弱，英格兰银行此次动用了国会授权，共超发了200多万英镑纸币。事实上在此期间，1844年银行法被终止执行了约两个星期。根据金融史学家们的研究，1857年金融危机在英国的危害程度要小于1847年危机，但其影响要广泛深远得多。主要原因在于，在1857年危机中，1844年银行法不仅在立法上，而且在实践中被真正修改了。

1857年圣诞来临之时，危机终于开始缓和，银行利率由10%降

---

① 参考 Clapham, Sir John. *The Bank of England, A History* [M]. V1—2, Cambridge University Press, London, 1944: 226. [美] 查尔斯·P. 金德尔伯格等著. 朱隽等译. 金融危机史 [M]. 北京：中国金融出版社，2011.

回 8%。到 1858 年 2 月，英格兰银行的黄金储备已恢复至 1500 多万英镑（发行部）和 1100 多万英镑（银行部）①。之后英国经济逐步恢复至常态。但是在美国，南方奴隶主与北方资产阶级的矛盾越演越烈，1860 年由于主张废除奴隶制的林肯上台担任总统，美国内战（南北战争）爆发。美国内战对英国影响表现在两个方面，一是美国的黄金储备流入欧洲大陆和英国，提高了英国的物价水平，导致利率下降。二是由于英国支持南部，而南方的贸易港口被北方封锁，使得英国的棉花进口被阻断，英国不得不寻求其他的棉花供应国，这些国家包括印度、巴西和中国。1865 年美国南北战争以南方联军的投降而结束，美国需求的恢复，自由贸易协定的签署，以及新市场的开放让英国经济在 1865—1866 年迅速扩张。

利率的下降、资本累积的剧增和工业发展再次让英国在 1860 年代出现了投机的热潮，这一次的投机对象是有限责任公司。1862 年英国国会修改了公司法，通过了有限责任公司法，大量的有限责任公司被创立，这些公司在股市发行巨额股票，其市值在 1863 年达到了 14500 万英镑。这些公司用其股票作为抵押来融资，但是在 1862—1865 年间创立的有限公司 90% 都倒闭了。1866 年随着联合股份贴现公司（Joint–Stock and Discount Company）的倒闭和利物浦巴奈德银行（Barned Bank）的关门，金融恐慌再次发生。英格兰银行将其贴现率由 6% 连续提高至 10%。1866 年 5 月伦敦城最著名的银行欧文德（Overend, Gurney and Co.）银行因风险投机失败而破产，

---

① 参见 Clapham, Sir John. *The Bank of England, A History* [M]. V1—2, Cambridge University Press, London, 1944: 234.

留下1100多万的债务。金融恐慌开始在伦敦城蔓延，多达200多家公司和部分银行倒闭。英格兰银行为此向市场提供了400万英镑的流动性，其储备下降到了300多万，银行利率被提高至9%。于是财政大臣和国会再次允许英格兰银行突破1844年法案限制超额发行货币以拯救市场。1844年法案再次暂时终止，这得到了工商界和银行业的欢迎，市场信心立即恢复。但是这次危机让欧洲人对英国金融市场几乎失去了信心，外国人对英国的投资很久才得到恢复，伦敦差点因此失去欧洲金融中心的地位，所以有人称此次危机是对整个英国的挤提（run on England）。但是英国国内市场恢复很快，而且这次危机也起到了优胜劣汰的作用，让资质良好的企业和银行保存了下来，从而保证了英国经济后续20多年的安宁和繁荣。这一时期值得关注的另一事件为，1864年5月5日英格兰银行加入银行清算系统，标志着英国统一清算体系的成型[1]。

虽然在19世纪后半叶的前期接连发生了1857年和1866年两次重大金融危机，但是这一时期英国的总体经济形势仍然是繁荣向好，劳动生产率不断提高。到1860年，占世界人口2%的英国，几乎生产了世界工业产品的40%—50%。历史上把英国1850年至1873年的经济繁荣时期称为维多利亚中期大繁荣时代。

二、《伦巴第街》与央行的最后贷款人职责

英国著名货币经济学家，《经济学人》主编白芝浩（Walter

---

[1] Clapham, Sir John. *The Bank of England, A History* [M]. V1—2, Cambridge University Press, London, 1944: 251.

Bagehot）于1873年出版了其货币经济学名著《伦巴第街：对货币市场的描述》（*Lombard Street: A Description of the Money Market*）。该书对英国当时货币市场的现状、运行规则、英格兰银行的治理结构和应该承担的责任，以及货币市场的各类参与者进行了详细的描述和分析，并提出了著名的白芝浩准则，即英格兰银行在金融危机发生时对（业绩良好的）商业银行的救助责任，这一责任被命名为"最后贷款人"责任（The Lender of Last Resort）[①]。英格兰银行也正是从1870年代开始，正式履行这一职责，这也意味着金融稳定成为央行的一个重要货币政策目标。

伦敦城的伦巴第街上聚集了英格兰银行，众多股份制银行、私人银行，和无数票据经纪人，因为拥有世界上最充裕的可贷货币而成为当时世界上最大的货币市场（借贷中心）。白芝浩认为，货币[②]代表着一种经济力量，毫无疑问英国是当时世界上最货币化的国家。英国拥有最充足的现金，可以对任何经营活动提供信贷。伦敦城当时（1872）公布的存款余额（真实货币余额）高达12000万英镑，是巴黎的9倍，纽约的3倍，德国的15倍。以存款形式存在的货币因其可获得性（集中于银行）和可贷性方能成为货币市场的货币，而窖藏的货币和流通中的散币不是货币市场的货币。像伦巴第街这样一个及时有效的货币市场使得英国拥有一个在全世界最有优势和

[①] 金德尔伯格（1991）认为，英国巴林银行的创始人弗朗西斯巴林爵士（Sir Francis Baring）于1797年首先提到中央银行（英格兰银行）是"银行的银行"并应发挥"最终贷款人"的作用。

[②] 英国当时的法定货币虽然是英格兰银行发行的纸币，但是是可兑换的，纸币发行的背后有黄金储备，因此当时的纸币不是信用货币。

效率的信贷市场，那些商业嗅觉灵敏和善于使用资本的英国人（企业家）在英国可以随时获得商业资本，从而不受自身资本量的限制，取得商业先机来从事利润可观（但也需要大量资本）的商业开发活动，同时那些本身不拥有资本但拥有商业头脑的人也可以同富有的商人一样从事商业生产活动，这为所有普通人提供了创造财富的可能。所以伦巴第街的货币市场为英国的经济发展提供了许多欧洲国家和世界不发达国家不具备的优势。通过伦巴第街的银行体系提供的信贷资本，英国的贸易和生产得到了极大的扩张。

　　白芝浩在《伦巴第街》中也指出了英国货币市场面临的风险。巨额的信贷带来了巨大风险，由于这些信贷中很大比例是短期票据或者可随时要求偿还的贷款，一旦这些信贷资本被借贷者（存款人）要求立即归还（恐慌中经常如此），整个银行体系和工业部门就会面临危险。其次，英国目前的货币储备与银行存款的比例非常低意味着另一个风险——挤提，虽然英国银行体系的现金充沛，支付手段多样。第三个风险来自商人们从事商业活动的冒险性和非理智，非理性的投资活动往往带来非理性的信贷扩张形成信贷泡沫，泡沫破裂必然导致危机。历史上多次发生的经济和金融危机已经证明，保持一个安全稳健的货币市场体系是多么的重要。因此应该对货币市场的原理和规律进行深入的研究。

　　白芝浩认为，信贷市场的关键在于其稳健性（Soundness），信贷代表着信心和信用，基于对支付的承诺。银行业的特点是其负债（承诺的支付）巨大，而且可能在很短的时间内被要求支付。银行支付其债权人（存款人）的能力有时取决于法定货币的供应和储备是否充裕。在英国，法定货币为金银铸币（数量有限）和英格兰发行的纸币。英格兰银行的纸币发行受1844年银行法的约束和规制。负责纸币发行的英格兰银行发行部只能发行基于政府债券总额的1500万英镑纸币，其他额度的发行要有金块作为储备。除此之外英格兰银行无权扩大纸币的发行。伦敦的商业银行除了为应付日常之需而贮备的现金外，基于信任和传统，其主要储备都作为存款放在英格兰银行的另一个部门——银行部门。英国整个银行体系的现金储备全部在英格兰银行的银行部，在1869年约为1100多万英镑，相对于其3倍多的负债（存款），因此英格兰银行有责任照看好这些现金储备，因为它们关系到伦敦银行体系的安全。除了伦敦的银行，英国的乡村银行和许多外国银行也将其储备放在英格兰银行的银行部，因此一旦英格兰银行出问题，不仅伦敦的银行家们要破产，整个英格兰、爱尔兰和苏格兰的银行体系都面临风险[①]。因此，"（英国）整个的信贷体系全部依赖于英格兰银行的安全性，依赖于这个联合股份制银行的董事们的睿智，依赖于英格兰银行是否具有偿付能力"[②]。这也是为什么英格兰银行的银行部以纸币和金银铸币形式储备了其负债的30%—50%。显然，虽然没有明确的法定义务，但是英格兰银行在实践中已担负起稳定整个银行体系和货币市场的储备中心的职责（银行的银行，Bankers'Bank）。这些储备可以用来满足银行体系突发的不时之需，或者外债的突然支付要求；当银行面对

---

① 正如前文所述，历史上英格兰银行分别于1847、1857和1866年因其现金储备急剧减少而不执行1844年银行法，停止支付。

② Bagehot, Walter. *Lombard Street: A Description of the Money Market* [M]. The Project Gutenberg EBook, 1873: Chapter 1.

理性或非理性的恐慌时可以求助于这些储备（最后贷款人职责，The Lender of Last Resort）。

当不利情况发生时，英格兰银行的储备会下降，如英国谷物歉收需要进口大量粮食时。白芝浩给出的解决储备下降的方法有两种，一种是当储备下降来自外部冲击（贸易失衡，金银流出）时，解决的办法是提高利率。一旦利率提高，就会有欧洲和世界的大量金银流入伦敦市场（逐利），储备重新丰裕。另一种导致货币储备下降的因素来自内部冲击（对银行系统失去信心，开始挤提），英格兰银行的储备不断下降会加剧人们的恐慌，此时的解决方案是自由增加信贷，直至恢复人们的信心。白芝浩事实上在这里已经提出了两种保持金融稳定的货币政策操作方法及其工具（利率和货币供给）。

正是在《伦巴第街》里，白芝浩提出了中央银行是商业银行围绕的中心，具有保有国家储备和危机时向商业银行提供贷款的职责，而英格兰银行即是英国的中央银行（central bank）。

无论哪个或那些银行保有国家的最终银行储备，一旦（银行）恐慌来临时必须自由地提供借贷，因为这是银行储备的最根本用途，这使银行储备的来源与目标一致。无论是否合理，现在事实上英格兰银行保有最终的银行储备，所以它必须以这种方式使用这些储备（Bagehot，Chapter 2）

白芝浩进一步指出了由英格兰银行单独保有国家银行储备的单一储备体系与多储备体系相比较具有的缺陷和风险，但是他也认识到英格兰银行的地位是历史形成的，英国人已经适应并且信任这一以英格兰银行为单一储备中心（中央银行）的银行体系，因此没有放弃这一体系的必要（重建银行体系成本大且耗时长）。虽然如此，有必要对这一体系进行改进。白芝浩为此提出了三点改进建议：第一是英格兰银行作为国家储备银行应自觉而不是被动地行使其（中央银行的）职责，即最后贷款人的职责。这不一定要像法国等大陆国家那样通过立法来规定，因为英国的普通法体系更尊重习惯和传统。第二，英格兰银行应改进治理结构，让更专业和训练有素的银行家担任董事，延长总裁和副总裁的任期时间①，应改进英格兰银行的决策流程和内部会议制度。第三，应该加强英格兰银行作为中央银行的地位，减少对它的束缚和限制。

除此之外，白芝浩在《伦巴第街》中还回顾了英国银行和英格兰银行的发展简史，介绍了英国政府在货币市场的作用，货币的价格－利率在货币市场的形成机制，以及经济周期产生的原因。总之，这本著作对当时的中央银行理论和实践做了系统的总结和梳理，对当今的央行理论和货币政策实践仍具重要指导意义。

三、帝国的中央银行（1875—1913）——英格兰银行履行最后贷款人职责

白芝浩（1873）之后，英格兰银行已经具备了经理国库、发行法定货币和最后贷款人的职责，并且能够通过调节利率和货币供给来达到稳定金融市场的货币政策目标，它完全变成了一个现代意义上的中央银行。

---

① 当时为两年一选举，白芝浩建议将总裁的任期永久化。

19世纪后半叶,英国的工业组织结构发生了重大变化。英国国会先后于1855、1856和1862年通过立法允许设立有限责任公司(Limited Liability Company),有限责任公司制度给英国工业和金融资本主义的组织结构带来了根本性的变化。在这之前,所有股份制公司中合伙人(Partner)对公司债务负有全部责任,公司经营不善可能导致合伙人个人因偿债而破产。而有限责任公司中股东(shareholder)责任仅限于其持有的股份的名义价值。因此,除非欺诈,股东在公司破产时除失去股份价值外对公司债务不负其他责任。有限责任公司法的通过产生了两个结果:一是大量私人公司(有限责任)的设立,英国的制造业有五分之三的公司变为有限责任公司;二是有限责任公司被专门用来融资①。1878年,格拉斯哥城市银行(the City of Glasgow Bank)破产给对英国的银行业产生了极大影响。英国的银行开始向"有限责任制"转变并加速合并。这一次英格兰银行迅速发挥了最后贷款人作用,金融市场很快稳定,没有酿成危机。

1866年金融危机过后,英国经济持续了20多年的繁荣安静。这一时期,也是大英帝国的辉煌期。通过不断的殖民和扩张,英国占领了世界四分之一的领土,拥有世界四分之一的人口(1900)。作为欧洲乃至世界的最强工业国家,生产了世界30%的工业品(1870),控制了世界主要的海上贸易通道(如苏伊士运河,1875),进出口货物与服务贸易总额占到了世界总国际贸易额的四分之一(1880)。英国成为了名副其实的"日不落帝国"。在英国的新殖民主义政策影响

---

① Corttll. Domestic Finance, 1860—1914, in the Cambridge Economic History of Modern Britain, Volume II.

下，欧洲工业强国开始了对非洲和亚洲的殖民扩张与掠夺的竞赛。到一战爆发（1913）之前，经济落后地区基本被欧美强国瓜分完毕。这一时期，随着英国和其他欧洲国家的对外投资和海外贸易的迅速扩大①，迎来了世界经济史上的第一次全球化浪潮。而以英国伦敦为中心的日益成熟的国际金融市场为英国及整个欧洲的海外投资和贸易扩张提供了金融保障。英格兰银行作为伦敦金融中心的中心，帝国的中央银行，担负了维护大英帝国乃至国际金融市场稳定的职责。

1890年，所谓的"巴林危机"（Baring Crisis）爆发。在危机爆发前的1888—1889年，英国掀起了统一公债（Consols）投机热。当时在英国有大量的合伙制股份公司（Joint Stock Company），这些公司的主要业务是对南美进行投资，特别是对阿根廷投资。据统计，两年内借给阿根廷的贷款分别达到3600多万英镑和2900多万英镑。到1889年末，阿根廷经济急速下滑，增长率下降了10%，人们开始怀疑阿根廷的财务能力，英国的巨额资本投入变成了风险之源，英格兰银行为此不得不提高贴现率至6%。1890年11月，由于其承销的布宜诺斯艾利斯水务公司股票未能售出，巴林兄弟银行接近破产。英格兰银行这一次坚定地履行了最后贷款人职责，和其他国际金融机构一起建立一个基金来担保巴林兄弟银行的债务，该基金规模高达1000万英镑。为此英格兰银行不得不开始从国外进口黄金以保持

---

① 据统计，在1880年代，英国的对外投资率保持在国民生产总值（GNP）的13.5%左右。参见 Floud, Roderick and Paul Johnson. *The Cambridge Economic History of Modern Briton*, V1, V2, V3, 2004—2008 [M]. Cambridge University Press: 254.

国家储备水平，向其提供黄金的是法兰西银行，这是法兰西银行在19世纪第二次向英格兰银行伸出援手①。这一次英国国会没有宣布终止1844年银行法，经过救助的巴林兄弟银行最后改组为合伙制股份公司，并于3年后恢复运营。1890年危机没有在金融市场和全国范围内造成大恐慌就得以平息，不能不归功于英格兰银行及时坚定地履行了中央银行的最后贷款人职责。

1890年危机过后，英国再次触发了对1844年银行法的批评，要求修改甚至废除该法案的声音巨大，对此，当时的英国财政大臣高森（Goshen）提出了两点建议，一是增加英格兰银行的黄金储备，二是增强英格兰银行处理危机的弹性。这些建议虽然没有最终变成立法条款，但是英格兰银行的黄金储备确实得到了增加，从1890年的2100多万英镑增加到1896年的4400多万英镑②。

1901年，英国历史上最伟大的女王维多利亚去世，结束了英国历史上最繁荣昌盛的维多利亚时代（1837—1901）。这一时期，英国人不仅创造了经济奇迹，建立了世界霸权，而且实践了全民普选，民主政治；福利制度，慈善事业也诞生于此时。维多利亚时期也是英国科学技术突飞猛进，人文日新的时代。1859年，达尔文出版了划时代的《物种起源》，其进化论思想震惊欧洲和世界。经济学家则涌现出穆勒、杰文斯（边际主义）和马歇尔（1890，马歇尔的《经济学出版》）。

---

① 第一次救助发生于1839年，见前文。
② 参见 Andreades A. Translated by Christadel Meredith. *History of Bank of England* [M]. Cambridge, 1908: 379.

随着维多利亚时代逝去，进入20世纪的英国，虽然仍是世界第一经济强国，但经济增长的步伐已开始放慢，经济增长率开始落后于大多数西欧和北欧国家。也就在20世纪开始之初，英国的人均收入在领先世界一个多世纪后首次被美国超越，似乎预示着大英帝国开始了不可逆转的衰落。在英国的内部，社会不平等逐步加剧，社会不平等和工人收入的下降促成了工党的诞生。过往一直在英国政治中发挥重要作用的辉格党则和其他党派结合成立了一个新党——代表资产阶级和工商业者的自由党。英国社会割裂，工人运动此起彼伏，工人们成立了自己的金融组织，包括互助社（Frendly Society）、建筑合作社（Building Society）和合作银行。这一时期，英国国内的阶级对抗严重阻碍了国家的发展步伐。

1907年10月，美国银行危机爆发，原因是纽约一半左右的银行贷款都被追求高利息回报的信托投资公司作为抵押投在高风险的股市和债券上，整个金融市场处于高度投机状态。随着股市下跌和债券违约，很多美国银行陆续倒闭[1]。危机传染至英国，英格兰银行被迫将利率提高至7%，高利率导致黄金的净流入，增加了英格兰银行的黄金储备，使得英格兰银行有效维持了国际黄金标准。但是高利率也加重了企业负担，英国的失业率急剧上升，1908—1909年英国平均失业率高达8%，企业开工不足，经济危机一触即发。倒是一战的爆发，让这次危机尚未完全形成即戛然而止。

---

[1] 危机最终促成了美联储的诞生——作者注。

四、金本位制

英国金本位制的起源与英国历史上两位最知名的伟人有关，一个是自由主义哲学家、早期古典政治经济学家约翰·洛克；另一个是大科学家，英国皇家铸币厂厂长牛顿（Newton）爵士。

金本位制的思想渊源可追溯到约翰·洛克（1691）。17世纪末期，由于英法战争，英国财政吃紧，英国货币减损严重，货币贬值，通货膨胀加剧，标准铸币由于窖藏和流出等原因导致流通数量急剧下降①，英国政府决定重新铸造和发行货币。于是引起有关重新铸造的货币面值的争论。一派以当时的财政大臣威廉·郎兹（W. Langz）为代表，主张顺势减少货币的含银量，令"货币成色不足"，以通过货币贬值来增加国王和政府的收入。而洛克坚决反对政府对铸币进行减值，主张保持铸币的成色，维持铸币的内在价值以维护人民利益和国家信用。洛克的这些主张后来写在其1691年的出版的唯一一本经济学著作《论降低利息和提高货币价值的后果》中。洛克的主张得到了让英镑与黄金发生联系的另外一个重要人物——英国也是世界上最著名的科学家牛顿爵士的支持，最终维持铸币成色和价值的洛克派在商人阶层的支持下和广泛民意基础上赢得了胜利。作为英国皇家铸币厂厂长的牛顿，在铸币过程中严格执行了货币的金属价值标准，保证了英镑的含"金"量（当时的本位制为银本位值，所以实为含银量）。这次有关铸币价值的讨论和货币的重新

---

① 劣币驱逐良币的格雷欣定律。

铸造在英国的货币史上具有重要的意义，它保证了英镑的金属价值，维持了铸币与贵金属（当时为银）的兑换比例，为英镑的金本位制奠定了理论和实践基础。

19世纪之前，英国的英镑一直和银价挂钩。但是到18世纪之后，一方面银币短缺且质量下降，另一方面纸币和其他金融代用货币流行，在经济生活中黄金逐步取代白银成为货币价值标准[1]。顺应这一趋势，1816年，英国正式立法确立黄金为英镑的价值标准[2]，国会通过的《金本位法案》规定金币是英国真正的和唯一的价值标准，金银可以自由进出口，金币可以自由铸造；所有银币要送回铸币厂重新铸造，银币虽然仍是无限法偿货币，但是一次支付不得超过40先令。这标志着金本位制的开始，金本位制的实施是英国货币学派思想的一次重要胜利。1816年当年英国铸币厂铸造了价值427万英镑的金币。但是1816年英国的限制法案尚未废除，因此黄金与英镑的自由兑换直到1821年（限制法案被废除）才完全实现。从那时起，英格兰银行保证以一盎司黄金兑换3英镑17先令10.5便士。这一标准一直维持到1914年。鉴于英国当时在世界经济中的霸主地位，而且伦敦的货币市场是当时世界的金融和货币中心，于是世界各国，特别是美国和欧洲大陆国家，也逐步放弃了银本位或复本位制，改采金本位制。1871年德国将其货币马克盯住黄金，荷兰、奥

---

[1] Clapham 认为，黄金成为事实上的货币标准最早可从英格兰银行1752年的资产负债表中得到例证。Clapham, Sir John. *The Bank of England, A History* [M]. V1—2, Cambridge University Press, London, 1944.

[2] 1816年5月28日，英国国会在利物浦伯爵的推动下，通过了《金本位制法案》。法案全称为《银币重铸和管理王国内金币和银币法案》。

匈帝国、俄国和斯堪的纳维亚国家等紧随其后，随着法国于1878年最后放弃其复本位制转而实行黄金本位①，到1870年代末，国际黄金标准体制正式形成。

在国际金本位制下，各国货币的兑换率以其铸造时的黄金含量作为兑换标准，称为铸造平价（Mint Par）。实际市场汇率紧密围绕铸造平价波动。买卖价差（称为黄金输入点和输出点）范围由运输成本、保险和运送期间的利息损失决定。随着运输越来越便利，价差不断收窄。因而汇率的波动也逐渐收窄。在国际金本位制下，影响国际汇率均衡的因素包括价格效应、收入效应和利率效应。当一国的价格水平相对于他国上升时（黄金贬值），黄金流往他国（国际黄金标准下无资本流动控制），出口下降，进口上升，这样本国货币基础下降，价格逐渐下降；而黄金流入国价格低，出口开始上升，其基础货币逐步增加，价格开始上升，利率开始下降（利率效应），黄金又流出，出口又开始下降。这就是所谓的铸币—平价流动机制②，因此金本位制有助于维持经济体内的价格稳定和国际贸易平衡。进出口的改变会引起收入的变化，反过来也会影响汇率（收入效应）。这三种效应叠加，保持着汇率的平价和均衡。中央银行可以利用上述理论来影响汇率和储备，特别是通过调节利率水平来实施调节。在这方面，英格兰银行的表现尤其活跃。据统计，为了改变

---

① Davies, Glyn. *A History of Money—From Ancient Times to Present Day* [M]. University of Wales Press, Cardiff, 2002.

② 由英国著名哲学家大卫·休谟首先提出。

储备水平，英格兰银行在 1875 至 1914 年间平均每年调节利率七次[1]。在此期间，英国伦敦也发挥着世界金融和黄金交易中心的作用，金本位制下英镑因其便利性、流动性和可兑换性成为世界储备和清算货币，所以金本位就是英镑本位制。有部分学者认为国际金本位制是一个操纵体系，操作中心是英格兰银行[2]，英格兰银行通过调节黄金储备和贴现率来控制世界利率和汇率水平，维持伦敦的世界金融中心地位。

应该指出，国际黄金标准体系在第一次世界大战前保证了英国的货币稳定和金融稳定，维持了国际汇率体系的稳定，促进了国际贸易和世界经济的健康发展。

---

[1] Davies, Glyn. *A History of Money—From Ancient Times to Present Day* [M]. University of Wales Press, Cardiff, 2002: 359.
[2] ［美］金德尔伯格，P. 徐子健等译. 西欧金融史 [M]. 北京：中国金融出版社，1991：97.

第六章

两次世界大战及大萧条——英格兰银行在1914—1945

20世纪初期（1900—1913）的英国，经济增长开始放缓，而其经济上的强劲对手，德国和美国却快速赶了上来。在世纪的转折点上，美国的人均收入开始超过英国，而早在1870年代，美国的工业劳动生产率（Labour Productivity）和全要素生产率（Total Factor Productivity）既已超越英国；德国工业部门的劳动生产率和全要素生产率则是在世纪之初开始超过英国，到1911年已经领先英国20%以上[1]。此时的大英帝国，工人运动此起彼伏，阶级分化明显，政治斗争异常激烈，整个国家失去了方向感，直到1914年第一次世界大战爆发，英国人又重新团结起来，找回了国家和民族认同。

一、"一战"中英格兰银行的作用（1914—1918）

1914年6月28日，奥地利王储夫妇在萨拉热窝被刺，第一次世界大战爆发。战争伊始，欧洲大陆金融市场开始动荡，很多银行被

---

[1] Floud, Roderick and Paul Johnson. *The Cambridge Economic History of Modern Briton*, V1, V2, V3, 2004—2008 [M]. Cambridge University Press. V2, Chapter 1.

挤提，黄金储备逃往伦敦。但是随着英国即将参战的消息传出，伦敦城开始恐慌，人们纷纷变卖金融资产以获得最具流动性的现金。1914年7月底，英格兰银行被迫将银行利率从3%提高至8%，伦敦股票交易市场也曾经在7月31日临时性关闭。财政部大臣通知英格兰银行必要时可超额发行纸币。为了避免银行挤提的多米诺效应，英国政府迅速采取措施，通过了现金和银行票据法，授权发行面值1英镑和10先令的纸币，给予苏格兰和爱尔兰银行纸币法定货币地位。1914年8月31日通过紧急权力法案，免除债务人在战争环境下不能偿债的法律责任。11月27日又通过政府战争义务法案，授权内阁部长得采取紧急措施[1]。这些紧急安排稳定了英国货币市场，制止了金融恐慌的发生和蔓延，工商业很快恢复常态。英镑汇率上升，银行利率在升至10%后又开始下降，很快降至5%。英格兰银行开始增加黄金储备，为战争作财政准备。随后英国暂停了黄金（金币）的自由流通，金本位制被暂时终止。

英国的参战导致其公共财政状况恶化，政府花费从1914年的2亿英镑增至1918年的近26亿英镑，增加了13倍！而税收收入从1914年的2亿英镑增加至1918年的9亿英镑，只增加了四倍半。巨大的财政缺口只能靠名目繁多的国债和税赋及各类贷款来解决，其中包括向美国的借贷。英格兰银行承销了这些国债并向政府提供了大量信贷。值得注意的是，英格兰银行为了保持英镑的国际地位，将国债和信贷利率定得较高（接近商业利率），这增加了英国政府的

---

[1] Davies, Glyn. *A History of Money—From Ancient Times to Present Day* [M]. University of Wales Press, Cardiff, 2002.

还债压力，也导致政府和英格兰银行摩擦不断，如果不是英格兰银行管理层及时转向，英格兰银行的国有化可能提前30年。此时的英格兰银行虽保留了其股份制私人公司地位，但是英国政府对其业务越来越具支配地位，事实上，此时的英格兰银行更像一个政府部门，银行总裁听命于财政大臣而不是股东。

1918年"一战"以英法联盟的胜利、德奥联盟的失败而告结束。战后的首要问题就是处理战争赔款和建立战后欧洲政治经济新秩序。1919年1月"巴黎和会"在巴黎近郊的凡尔赛宫召开，会后签署了《凡尔赛合约》。凡尔赛条约对以德国为首的战败国进行了严厉的清算，德国被迫返还占领土地，解除武装，并向战胜国赔偿约1320亿金马克（现金和物资），外加26%的出口税，为期42年[①]。凡尔赛合约只是解决了战败国向战胜国的赔偿问题，并没有解决战胜国之间的借贷和利益分配问题，于是1921—1922年又在美国华盛顿召开了一系列会议，签署了《四国条约》《五国海军条约》《九国公约》等协议，这些协议和凡尔赛合约一起规定了第一次世界大战后的国际政经框架，史称"凡尔赛—华盛顿"体系。

当时任职于英国财政部的凯恩斯作为英国代表团成员参加了巴黎和会，见证了凡尔赛合约谈判过程。因对赔偿委员会有关德国战败赔偿及其疆界方面的建议愤然不平，凯恩斯辞去和会代表职务，复归剑桥大学任教。睿智和洞察力让凯恩斯意识到了合约对德国的

---

① 该赔偿额直到1921年才最后确定。巨额的赔偿导致德国经济崩溃，发生历史上最恶性的通货膨胀，执政四年的魏玛共和国倒台，希特勒及其国家社会主义党开始执政。

过度惩罚及其可能导致的后果。回国后凯恩斯将其观点总结成书，于1920年出版了其名著《和平的经济后果》。凯恩斯有关减轻战争赔偿和减免一战战胜国之间债务问题的建议①虽未得到采纳②，但其观点引起当时学术界和政界的广泛关注，引发了广泛的争论，凯恩斯也因此赢得了学术声誉和学术地位。

二、金本位制的恢复及其失败（1919—1930）

英国因为"一战"停止了英镑与黄金的兑换。政府为解决财政问题发行了大量的债券和纸币，导致1918年英国的通货膨胀率达到了25%。一战结束后，随着战争赔款安排就绪，一方面是为了恢复英镑的世界储备货币地位，加强伦敦的世界金融中心作用，另一方面也是为了抑制通货膨胀，英国人又开始着手恢复战前的金本位制。1918年，战争一结束，英国就成立了以当时的英格兰银行总裁康多夫为主的委员会，讨论恢复金本位制的问题，该委员会提出的报告被称作康多夫报告（1918年8月）。该报告主张按照旧的兑换比率，即3英镑17先令10.5便士兑换1标准盎司黄金，恢复金本位制。

围绕着金本位是否恢复，何时恢复及黄金与英镑的兑换比例等问题，此时在英国的政界和学术界展开了广泛的讨论。以英格兰银行总裁（先是康多夫，1920年后为纽曼）为首的一派坚决主张尽快恢复金本位制，并且恢复黄金与英镑的战前兑换率。以凯恩斯为代

---

① 有关建议详见凯恩斯（1931），Essays in Persuasion（劝导短论）。
② 凯恩斯提出的德国赔款数额为100亿美元，并建议美国减免协约国的债务。事后证明如果这些建议得以采纳，也许就没有二战，当然也就没有大英帝国的迅速衰落。

表的一派主张暂缓讨论恢复金本位制，即便是恢复，也应该增加黄金与英镑的兑换比率（即让英镑适当贬值）。凯恩斯（1925）在"丘吉尔先生的经济后果"中推断，如果恢复旧的黄金兑换率，将使英国的工资水平按照黄金计算增加10%，英国商品价格（以英镑计）损失10%，这无异于实行严厉的紧缩政策，会使当时英国已经恶化的失业状况雪上加霜。中间派则包括凯恩斯的同事，著名经济学家皮古，同意恢复但主张暂缓一段时间后再恢复。激烈的争论，国际形势的发展和英国1920年的衰退让英国政府迟迟拿不定主意。1922年春天，以英法为主导在意大利的热那亚召开了一次国际会议，包括德国和俄国等主要欧洲国家都参加了会议，但是当时西方最大的债权国美国没有参加。会议通过了英国提出的报告，即恢复金块本位制，各国央行以黄金和外汇作为其发行货币的储备，从而逐步重建战后的国际汇率体系。1923年，应英格兰银行的请求，英国政府组成了以当时外交大臣张伯伦为首的专家委员会，讨论金融改革和恢复金本位制（黄金白银法案1925年到期）的问题。委员会对此进行了广泛的咨询和论证，咨询专家当然包括大名鼎鼎的凯恩斯。

凯恩斯（1924）在《货币改革略论》中对恢复金本位制问题进行了详细的论述。他指出，给定政府已因一战产生了严重赤字，政府将不得不通过征收铸币税来弥补财政，因此货币贬值的趋势不可避免，恢复旧的金本位制其平价无法维持。凯恩斯（1924，p140）认为，货币的不稳定在除美国以外的大多数国家源于两个因素：一是基于价值标准（黄金）的本币不稳定，二是基于购买力的黄金本身不稳定。康多夫报告聚焦于第一个因素，即假定把恢复本币相对于黄金的固定可兑换比率作为唯一的价格稳定目标。那么争论的关键就在于恢复英镑战前的兑换率还是目前较为现实的兑换比率，也就是选择通缩还是贬值（Deflation or Devaluation）。但是康多夫报告所作的假定过于草率，凯恩斯指出，即便是受益于金本位并一直实施它的美国，其过去五年的价格水平也极其不稳定，这是因为黄金本身并不能提供稳定的价值标准（黄金的购买力也在变化）。如果恢复战前的兑换比率，即让英镑升值，将产生通缩，对企业和生产产生伤害，将债务人的财富向债权人转移，使得政府的债务负担加重，生产和商业活动紧缩，失业增加。而且恢复战前兑换水平也未必能增加国家的金融影响力并促进对未来的信心。有一种意见认为，如果将本币与黄金兑换率恢复到战前水平，也就是升值本币，会使人们的生活水平上升（基于物价下跌），进口商品价格下降，提高国民福利，而且以黄金计价的外债也相对容易偿还。凯恩斯（1924，p151）一针见血地指出，这完全是一种幻觉和短期效应。本币对黄金的兑换率的升高不会改变本币的价值，因为本币并没有因此增加对本国劳动的购买力，因而也不会增加对本国商品的购买力。因此本币的升值必然导致工资的下降，所以不会提高国民的生活水平。进口商品的价格下降将由出口商品的价格上升来抵消，国民福利并未增加。而从长期来看本币升值的国家仍然要支付同等价值的商品和资本给债权国，因为债务的计算基于黄金的价值，而不是本币的价值。因此让本币贬值的新黄金本位制也许是更好的选择。同时，基于购买力平价理论，凯恩斯论述道，给定外部价格不稳定，货币当局不可能同时保持内部价格和本币汇率的同时稳定。因此，正如费舍尔（Irving Fisher）教授所指出的，除非所有国家都一致承诺保持内部价格的稳定，否则不可能维持国际汇率的稳定，因此要恢复金本位制，需要所有国家的一致行动，在大部分国家仍未采取行动前，英国是否恢复金本位制仍需要进行深入的讨论和广泛的国际协调，更何况战后的经济金融状况和国际政治秩序已经迥异于战前，黄金的矿产存量及其内在价值在战后可能变得更加不稳定，今后黄金的价值有可能依赖于世界上最重要的几个中央银行的政策。凯恩斯（1924）断言世界正在进入一个"管理货币"时代，一个有监管的非金属货币标准时代。在信用货币—纸币时代，恢复金本位制不会改变黄金的价值由央行决定的事实。凯恩斯（1924，p162）强调，战前的金本位制体系是非常脆弱的，一旦现存内外价格均衡遭遇较大的冲击，如果内部价格的调整速度和力度不够，战前维持均衡的方法（铸币—平价流动机制）可能失效。因为虽然理论上黄金的自由流动最终可以通过利率和价格的改变达至内外均衡，但是事实上任何国家对其货币及其储备黄金的流出量都会有限制。这一论断提前揭示了金本位制在大萧条中的影响效应。凯恩斯（1924，p175）警告道，英国恢复金本位制意味着把对价格稳定的监管权和对信贷周期的处置权不可避免地让渡给美国的联邦储备体系（FED），这有可能产生巨大的道德风险。凯恩斯（1924）最后给出的政策建议是，当价格稳定和汇率稳定不相容时，应将价格稳定（因而信贷稳定，就业稳定）放在优先位置，必要时不惜牺牲汇率稳定以获取内部价格稳定和就业稳定。而恢复金本位制在其他国家跟进的情况下只能带来汇率的稳定，不能确保内部价格稳定。凯恩斯（1924）给出的最后建议是，英格兰银行通过控制信贷（广义货币）而不是流通中的现金来保持价格稳定，在价格稳定的基础上，可以通过监管（控制）黄金的买入卖出价格，而不是让货币盯住黄金（金本位制）来维持汇率的稳定。

虽然凯恩斯反对恢复金本位制的论据充分，说理透彻，但是，委员会咨询的其他专家，包括当时的英格兰银行总裁纽曼，大多支持恢复金本位制。这部分源于人们对战前金本位制的美好回忆，部分源于人们对金币的崇拜。对很多人来说，金本位制几乎成了一种金融教义和货币信仰[①]。1924年，瑞典率先在欧洲恢复金本位制。同年大名鼎鼎的丘吉尔成为英国财政大臣。1925年1月，丘吉尔给财政部顾问们广泛地散发了一份备忘录，备忘录包括三个问题：为什么我们要复归金本位制？复归金本位制对我国经济有何影响？为什么这么紧迫？尽管得到的回答并不一致，同意和反对的声音似乎同等强烈。但是丘吉尔还是采纳了英格兰银行的主张。一方面这是为了维持英镑和英国世界金融中心的地位，另一方面也是与美国经济对抗的需要。1925年4月28日，英国政府宣布恢复金本位制，后经议会辩论通过，国王签署，5月4日，恢复金本位制法案正式生效。英国虽然恢复了战前的金本位制，但是金币已不再流通，实际流通的是纸币和银行券。流通货币不能直接兑换金币，只能向英格

[①] 法国经济学家、人口统计学家索维将恢复金本位制称之为："一个声望问题，一个教义问题，几乎是一个宗教问题"。洛佩斯在评论纪念耶稣诞辰1000周年金币时说道："不只是一块黄金，那是一个象征，一种信仰。"引自［美］金德尔伯格，P. 徐子健等译. 西欧金融史［M］. 北京：中国金融出版社，1991：457.

兰银行兑换金块,且兑换金额有限制,所以新的金本位制被称为金块本位制。紧随英国之后,西方主要工业国家美国、法国和德国等也先后恢复金块本位制。主要经济体之外的国家并没有将本国货币与黄金挂钩,而是与实行金块本位制的国家货币(外汇)挂钩,本币要兑换成金块制国家的货币,然后到该国换回黄金。因此一战后的国际金本位制也叫金汇兑本位制。

金本位制恢复后,由于英镑高估,英国的黄金储备外流,为维持黄金储备,英格兰银行不得不提高利率,高利率抑制了英国的消费需求和投资,导致英国经济状况不断恶化。1925—1929年,英国的价格水平严重下降,经济陷入通缩状态,失业率超过了10%,恢复金本位制的后果被凯恩斯不幸言中。虽然不能把经济恶化的全部原因归咎于复归金本位制,但它确实是导致1920年代后期英国经济萧条的重要因素之一。

三、大萧条对英国的影响[①],金本位制的最终放弃

金本位制的恢复显示了英国的过分自信,英镑恢复到一战前与黄金的兑换比率,让英国在国际贸易中损失惨重,英镑的国际储备和结算货币地位受到了美元的强力挑战,日不落帝国让出世界霸主和国际金融中心地位只剩下时间问题了。

美国的富强和崛起是"一战"后最重要的地缘政治现实。虽然"一战"后美国经济总量已经跃居世界第一,但她仍然是世界经济的

---

① 本节对大萧条的描述及其理论解释的部分内容参考了作者本人专著(2018)中第四章第三节中的内容。

一小部分，对外部需求的依赖要远远高于今天。战后欧洲的生产复苏降低了对美国产品的需求，特别是对美国农产品的需求，虽然农业技术的改进对冲了部分的负面效应。金本位（英镑和黄金平价）的重新建立虽然使美元变为强势，但是却让国际债务结构状况恶化，加剧了世界贸易的不平衡；收入的不平等在1920年代的美国不断加剧，到1929年已非常严重，这导致消费下降，消费的下降（Under-consumption）和过度的生产（Overproduction）虽然不是1929年开始的大萧条的必然原因，却是其必不可少的前兆。

1928—1929年美联储为抑制股市的投机狂热而采取了紧缩的货币政策，最终引发了1929年10月29日美国股市的大崩盘（The Stock Crash，即所谓的黑色的星期二），很多经济史学家都将这一天认定为大萧条的开始日期。紧缩货币政策带来的信贷紧缩导致生产和价格双下降，这并不足以引起一次大规模的经济衰退；但是接下来的一系列冲击加速了紧缩并最终酿成了一场影响深远的经济危机。这些冲击包括：1930年的斯姆特—霍利（Smoot—Hawley）关税法案，银行恐慌，世界范围内的商品价格崩塌及消费信贷的下降。

斯姆特—霍利法案以两位提案议员的名字命名，于1930年6月17日正式签署成为法案。该法案将两万多种美国进口商品的关税水平提高到了创纪录的历史高水平，从而引致贸易伙伴国主要是英法和其他欧洲工业化国家采取了类似的报复措施，这让美国产品的国外需求急剧下降，国际贸易规模空前萎缩，加剧了美国的衰退。

大萧条中的银行危机众所周知，从1930—1933年美国每年破产的银行占其全部银行的百分比分别为5.6%，10.5%，7.8%，和

12.9%。由于破产和重组，到1933年末银行的数量只有1929年的一半，银行在危机中损失了一半的资产。弗里德曼和施瓦茨（1963）在其名著《美国货币史》中识别了导致经济严重衰退并进而发展为大萧条的三次重要的银行危机。1930年代的银行危机减少了货币供给从而抑制了消费，加剧了通缩。显然，此时的美联储并没有能够发挥"最后贷款人"的功能。生产的下降，失业的增加，导致美国人的收入剧减，因而其消费结构也发生了改变，消费信贷随之下降，进一步抑制了消费，减少了整个经济体的总需求水平。

总之，大萧条是多种不利冲击叠加的结果。大萧条导致美国在1929—1933年经济严重衰退，工业生产下降37%，价格下降33%，真实国民生产总值下降30%（名义GNP下降约50%），失业率上升到前所未有的25%！同时，大萧条又是一次国际经济危机。早在危机之前，欧洲部分经济体（德国、英国、意大利、奥地利等）就已经步入萧条，大萧条本来就是美欧共同面临的国际性经济危机，纽约股市暴跌传染了欧洲证券市场，欧洲股票价格也大幅下降；商品价格的下降也是国际性的。

具体到英国，由于金本位制的恢复导致其提前进入衰退，因此当大萧条来临时，英国受到的伤害并不严重。一般认为，英国的大萧条开始于1930年1月，比美国晚了3个月，结束于1932年4月，早于美国的1933年2月。大萧条期间，英国的工业生产下降了16.2%，远低于美国的46.8%、德国的41.8%，刚刚超过法国（31.3%）的一半。所以相对来说英国在大萧条中的损失在西方主要工业国家中相对较小。但是大萧条让英国在另一个方面受到了国际阻击。由于英国的英镑与黄金直接挂钩，按照金本位制有义务按固定比率兑换黄金。鉴于当时英国两党联合政府实行预算赤字政府，对英镑失去信心的欧美各国纷纷将英镑储备兑换成黄金，英镑遭到抛售（Run on the Sterling），英格兰银行的黄金储备急剧下降。1931年9月，英格兰银行执行总裁哈维（Ernst Harvey）写信给当时的首相麦克唐纳和财政大臣斯若登，告知一亿英镑的储备即将告罄，而美联储1.25亿美元信贷和法兰西银行31亿法郎的信贷也将耗尽，纽约和巴黎的外汇市场对英镑的需求仍在继续，而荷兰也提出了黄金提取要求，在这种情形下，英格兰银行已无法满足各国对黄金的兑换需求。因此，哈维写道：从国家利益出发，英格兰银行认为，放弃1925年金本位法案规定的黄金兑换义务是明智的。首相麦克唐纳在回信中同意了英格兰银行的请求，于是金本位制于1931年9月被英国和英格兰银行放弃，没想到这一次是对金本位制的永久放弃！英格兰是大萧条中较早放弃金本位制的国家，因而也是最早从萧条中复苏的国家之一。最新的研究也表明，英国在一战与二战之间的平均经济增长率还是较高的，全要素劳动生产率的增长也不逊于其他历史时期。值得关注的是，在此期间英国经济政策的转变：施政的方向从维多利亚时代的供给侧转向新世纪的需求侧，可能受到凯恩斯主义的影响，基于对"市场失灵"的认知，此后英国政府对经济的干预开始明显增多。需要特别指出的是，金本位制的弃守标志着信用货币或者"贱"货币（Cheap Money）最终取代了金属货币或者商品货币。

分析大萧条产生原因的文献汗牛充栋，除了弗里德曼等（1963）

对大萧条做出的货币主义解释,从20世纪80年代早期开始,对大萧条的研究开始关注两次世界大战之间的国际金本位制,因而产生了另外一个重要的结论,如 Choudhri 和 Kochin(1980),Eichengreen 和 Sachs(1985),Temin(1989),Bernanke 和 James(1991),Eichengreen(1992)等都认为,在1930年代早期对国际金本位制的坚守导致货币存量的紧缩,这不是货币对产出的被动反应(内生反应),而是制度设计不完善、短视的政策制定和不利的政治经济前提共同作用的结果。因此货币和价格的下降,反映的是货币对实体经济的影响,而不是相反。在1930年初,有些国家对危机的反应是迅速放弃了国际黄金标准,这些国家能够增加货币供给从而刺激价格抬升,经济很快复苏。而那些坚守国际黄金标准的国家,则陷入进一步的通缩,经济很长时间不能复苏。Eichengreen 和 Sachs(1985)考察了1929—1935年主要国家的很多宏观变量,他们发现到1935年那些已经放弃黄金标准的国家已经从萧条中复苏过来,而维持金本位制国家的产出和就业水平仍然很低。Bernanke 和 James(1991)的研究也证实了这一结论[1]。

随着国际黄金本位制的最终崩溃,货币竞争贬值和贸易关税壁垒使得国际货币体系和国际贸易体系陷入混乱,全球货币交换只能依靠双边协定,而国际贸易也高度依赖双边协定,有时甚至变成了易货贸易。20世纪30年代后期主要的国际贸易集中在三个相互竞争的货币区内:一是"美元区",包括北美,加勒比海和南美洲北部,

---

[1] 参见 Bernanke(2000),Essays on the Great Depression.

这些地区的货币与美元挂钩。二是"英镑区",主要由英国和其殖民地国家(不包括加拿大)组成。第三个为"法郎区",涵盖法国、比利时、瑞士、卢森堡和荷兰。

四、"二战"中英格兰银行的作用(1940—1945)

"一战"刚刚结束,在《和平的后果》一书中,凯恩斯就预测了"二战"的必然爆发,凯恩斯认为这是"一战"后战胜国(尤其是法国)对德国苛刻报复的必然结果。所以,在某种意义上,"二战"是一战的继续。

1939年3月15日,纳粹德国撕毁慕尼黑协议,占领捷克并入侵波兰,英国的绥靖梦想破灭,"第二次世界大战"不可避免地爆发了。凭借历史上多次应对战争财政的经验,特别是"一战"的经验教训,英格兰银行有条不紊地应对了"二战"带来的必然变化。整个英国金融系统面对"二战"也应对有法。伦敦城坦然接受了战争带来的必然限制,做好了充分的战时准备,主要市场照常营业。伦敦证券交易所仅仅关闭了6天(从9月1日至6日)。战争伊始,英国立即实施金融限制:其一为外汇管制:英格兰银行代表政府,对外汇进行了严格的管制,以防止资本外流和外汇投机,英镑与美元汇率限定为4.03\$/£,英格兰银行对外汇市场的干预是通过英格兰银行于1926年新设立的外汇部门进行操作的。鉴于德国在欧洲伪造了大量的英格兰银行纸币,英国禁止英格兰银行票据和纸币的出口,挫败了德国打击英镑,进而扰乱英国金融秩序的图谋。其二为低利率绑定:银行利率由1939年8月份的4%降至9月份的3%,10月份降到2%并一直维持在这一水平。通过金融控制、资本限制和外汇管制,以及食物和生活必需品的配给制,英国利率得以在战争期间维持在2%的水平上,因此很多历史学家和经济学家形容英国在"二战"中打了一场3%债务利息的战争。

为战争融资是英格兰银行的天生使命,英格兰银行和财政部紧密合作,先后组织了多次的政府债券发行活动。另外,英格兰银行鼓励清算所的合并重组,加强其资本金从而加强了其作为债券经纪人的地位。这也为政府的战争融资提供了便利。到1945年4月,英国政府的内部国债从1939年的72.45亿英镑增加到237.45亿英镑,增加了三倍多。增加的债务包含:28亿期限为20—30年的储蓄债券,利率为3%;35亿英镑期限5—10年的战争防卫财政债券,利率从2.5%到1.75%;40亿英镑的小额储蓄(贷款),利率为2.5%;20亿的财政储蓄收益基金①,期限6个月,利率1.125%;35亿英镑的财政部短期债券,利率1%,期限3个月②。可见英国在"二战"中为战争融资的利息加权成本低于3%,主要原因在于英格兰银行愿意以1%的利率回购政府短期债券,即英格兰银行为政府提供了所谓后门支持(Open Back Door),因为前门市场利率在2%以上。管制和干预也是凯恩斯经济思想(政府干预)在英国产生巨大影响的必然结果。

---

① 从1940年7月开始,英国政府可以通过其财政部储蓄收益计划直接从银行借贷,借贷利率低于1.25%。到1945年8月,该储蓄收益已达到21.86亿英镑,占当时银行资产的41.4%。
② 数据来自Davies, Glyn. *A History of Money—From Ancient Times to Present Day* [M]. University of Wales Press, Cardiff, 2002: 392.

英国"二战"期间的外部债务融资主要通过出卖外部资产,在殖民地借贷及向美国借款来实现。其中美国的物资租赁和援助是最重要的支持,包括由凯恩斯主谈的一笔为期50年、利率为1.6%的44亿英镑的美国贷款。但是战争一结束,美国的生活物资援助即告结束,这也间接助长了英国战后的物价飞腾。

二战期间英格兰银行的另一成就在于其成功维持了英国价格水平的稳定。相比于"一战",从1939至1945的六年间,英国的价格指数变化很小①。

二战虽然以英国的最终胜利结束,但是战争的沉重付出让英国彻底失去了西方政治经济领袖的地位,战后美国主导的新世界秩序在战争尚未结束就已经开始酝酿和安排。

五、布林顿森林会议与战后国际金融体系安排

1944年,"二战"尚未结束,但是德意日法西斯轴心国的失败已确定无疑,以美英苏中为战胜国的国际社会已经开始着手安排战后的国际政治经济秩序了。此时的美国,国民生产总值已接近世界的一半,远超曾经的日不落帝国甚至整个欧洲。一个即将由世界第一强国美国主导的战后世界体系俨然即将成型。正是在这一背景下,依靠其强大经济力量和军事力量,美国当仁不让地开始牵头筹划战后的政治经济安排。

早在"二战"爆发之前,由于大萧条和金本位制体系崩溃,西

---

① 参见 Giuseppi, John. *The Bank of England—a History from its Foundation in 1694* [M]. Evans Brothers Limited, 1966.

方经济体分化为几个相互竞争的货币集团，各个集团采取以邻为壑的货币政策，对货币进行竞争性贬值，使得国际经济贸易体系动荡不已。为了避免战后这一情况再次出现，1944年7月1日，由美国召集，在美国新罕布什尔州的布林顿森林召开了联合国货币金融会议（简称布雷顿森林会议），共有44个国家的代表团或政府的经济特使与会，商讨战后的世界贸易格局。其中最主要的两个政府代表团，一个是以美国前助理财政部部长哈里·怀特为团长的美国代表团，另一个是由著名经济学家凯恩斯领导的英国代表团。经过3周的讨论（主要的讨论在凯恩斯和怀特之间展开），会议通过了以"怀特计划"（吸收了凯恩斯的建议，但做了折中）为基础制订的《国际货币基金协定》和《国际复兴开发银行协定》，确立了以美元为中心的战后国际货币体系，即布林顿森林体系（Bretton Woods system）。1945年12月，22国正式签署协定（布林顿森林协定），建立国际货币基金组织和世界银行，标志着布林顿森林体系开始运作。布林顿森林体系在贸易上的安排原本是建立世界贸易组织，但是由于美国国会的反对，代之以世界关税贸易协定。

布林顿森林体系的主要内容如下：第一，建立美元与黄金之间的固定兑换比率，以35美元兑换1盎司黄金，美国负责维持这一比率，各国政府可以用美元按此比率向美国兑换黄金。第二，各国货币与美元挂钩，根据各自货币含金量确定与美元的固定兑换比率，但可以在1%幅度内进行调整。实际上建立了以美元为中心的固定汇率制国际货币体系。第三，各国货币自由兑换。第四，根据各国GDP值决定其在IMF创始资本中的份额，并依据该份额缴纳资本金，其中份额的25%须以黄金或者能兑换黄金的货币缴纳。IMF创立时初始资本81.6亿美元，中国为第三大贡献国（贡献了7%）；美英为前两位，分别贡献了34%和16%。第四位为法国（6%），第五位为印度（5%）。第五，在国际货币基金组织内建立国际储备货币，SDR，即特别提款权，各国根据其份额在紧急时可向IMF申请特别提款权贷款。国际储备货币的主要构成为黄金、美元和英镑。

虽然布林顿森林体系最终采用了美国方案，但是凯恩斯在方案和协议的形成中发挥了重要作用，方案中的很多提法和建议来自凯恩斯，包括SDR的建立，实际是凯恩斯的建立世界货币的提议的变体；最终建立的国际货币基金组织也借鉴了凯恩斯的"国际清算同盟"计划。作为凯恩斯的崇拜者，美国代表团团长怀特与凯恩斯进行了充分的沟通，很多协议是二者建议的妥协产物。凯恩斯当时的很多建议今天看来仍具有非凡的洞见和前瞻性，如创立世界货币的建议，可以有效避免所谓特里芬难题，有效抵消美元波动给世界各国带来的损害。作为布林顿森林体系的设计者和建筑师，凯恩斯和怀特都未能亲见该体系的运作，凯恩斯于1946年4月离世，1948年8月怀特离去。对布林顿森林体系的作用和效率的评估不是本书的内容，也不是本节篇幅所能涵盖的。

1971年7月，尼克松政府宣布不再履行向各国兑换黄金的义务，而且美元与黄金的兑换比率跌到70多美元比1盎司黄金，布林顿森林体系名存实亡。两年后，欧洲放弃对美元的固定汇率，开始实行浮动汇率。布林顿森林体系崩溃，虽然国际货币基金组织（IMF）、世界银行和后来被世界贸易组织取代的关贸总协定仍旧在发挥其效能。

第七章

英格兰银行国有化及战后英国的经济金融发展（1946—1999）

一、英格兰银行的国有化（1946）

"二战"结束后，丘吉尔（Churchill）政府被选下台，新上任的阿特利（Clement Attlee）首相及其"社会主义"思想浓厚的工党政府开始对重要经济部门进行国有化，英格兰银行虽然事实上早已被政府控制，但也难免国有化的命运。1946年3月1日，根据新生效的英格兰银行1946法案，英格兰银行被收归国有。

1946年英格兰银行国有化法的主要内容包括：

1. 自批准之日起，英格兰银行全部资本股转让给英国财政部法人或其代理人。

2. 英国财政部将发行等额政府股票，给予批准之日前在英格兰银行登记的英格兰银行股东。

3. 政府股年息3%，等额政府股票价值根据其年利息为3月31日前20年间银行股票平均年红利回报计算，即945英镑。

4. 在4月5日及之后，财政部可按面值（966英镑）赎回政府股票，只须提前 3 个月在伦敦邸报（London Gazette）上发布赎回通知。

5. 自批准之日起，每年 4 月 5 日或 10 月 5 日英格兰银行向财政部支付其上一财年净利润的 25% 的红利，除此之外银行股不再负担其他红利分配。

6. 自批准之日起，原英格兰银行董事会成员仍担任董事，但已不再拥有股份。而代表财政部持股的人员进入董事会成为董事。

7. 依据公共利益的需要，在咨询英格兰银行总裁后，财政部可随时向英格兰银行发出指示。

8. 英格兰银行因公共利益的需要，可要求从业银行（bankers）向其提供有关信息，并可对从业银行进行业务建议。在财政部的授权下，英格兰银行为确保上述要求和建议的效果可对从业银行发出指示。

1946 年 3 月 1 日，英格兰银行国有化法案正式生效，从那时起，英格兰银行成为财政部辖下的国有中央银行①。根据 1947 年 2 月 28 日出版的英格兰银行的第一份年度报告，1946 年国有化时的英格兰银行银行部的资产负债情况如下：

银行部（单位：千英镑）

负债	资产
资本（Capital）：14553	政府债券：214560
公共存款：14724	其他债券：35727

---

① 早在 1824 年，李嘉图就提出了国有中央银行的建议和计划，见本章第五节。

商业银行存款：241730　　　　　　　　纸币：78178

其他账户存款：54523　　　　　　　　铸币：965

总存款：310977

合计：329430　　　　　　　　　　　　329430

1947 年英格兰银行的资产负债情况如下表：

表 7-1　英格兰银行资产负债表（1947 年 2 月 28 日）

单位：千英镑

发行部门（Issue Department）				
负债			资产	
纸币发行			政府债	11015100
	流通中	1377019585	其他政府证券：	1438235434
	在银行部	73228248	其他证券	739359
			金铸币以外的铸币：	10107
			金铸币及金块	247833
总负债		1450247833	总资产	1450247833
银行部门（Banking Department）				
资本		14553000	资产	
其他		3900610	政府债券	306930660
公共存款		7051291	其他证券	39120587
其他存款		394655229	纸币	73228248
银行家	298321740		铸币	880705
其他账户	96333559			
			总资产	420160200
总负债+资本		420160200		

数据来源：英格兰银行 1947 年年报

二、战后经济恢复与英格兰银行的货币政策（1947—1970）

（一）最初的困难时期和美国的帮助（1946—1950）

两次世界大战，英国不仅失去了世界头号强国的头衔，而且其人均收入、劳动生产率和经济增长率被很多欧洲国家相继超越。二战结束之后，英国成了世界上最大的债务国，1945 年英国的海外负债高达140亿美元，而当时英格兰银行的黄金和美元储备合计不过20亿美元。这是战后英格兰银行货币政策的出发点，因此恢复经济增长，扩大出口就成为"二战"后英国经济和货币政策的不二目标。

战后严峻的经济财政状况让英国不得不寻求美国的帮助。1945年9月，凯恩斯代表英国与美国当时负责经济事务的副国务卿谈判，寻求一笔37.5亿美元的贷款。经过艰难的讨价还价，最终于1945年12月达成贷款协议，贷款期限50年，年利息率2%，且1951年前不必偿还。但要求一年后英国允许英镑自由兑换，兑换比率为1英镑换4.03美元，英国需于1956年前结束对美国出口的所有歧视性措施。经双方国会批准，该协议于1946年7月15日开始生效（金德尔伯格，1991，p580）。这笔贷款对缓解英国的财政紧张当然有作用，但由于金额有限，作用不大。好在没有多久，马歇尔计划又降临了。

马歇尔计划又称欧洲复兴方案，由当时的美国国务卿马歇尔于1947年6月5日在哈佛大学发表演说时首先提出。主要内容是由美国对"二战"后千疮百孔的欧洲提供经济援助，以帮助欧洲的战后重建和尽快复兴。该计划从1948年开始执行，到1952年结束，据后来的统计，美国合计向欧洲提供技术、金融、物资援助共约131.5亿美元。该计划对战后欧洲的政经发展产生了深远的影响，因应马歇尔计划欧美成立了经济合作组织（OECD）。作为美国的主要盟国，英国从该计划总计获得了30多亿美元的援助，这对于英国的经济最初恢复发挥了一定的作用。

英国在获得美国贷款的翌年确实履行了承诺，让英镑与美元自由兑换，这是当时欧洲唯一让货币进行自由兑换的国家。但是，随着美元的短缺，英国储备流失严重，到1947年8月20日，英格兰银行不得不终止了自由兑换进程（自由兑换只维持了49天）。虽然如此，美国的贷款并没有终止。

在英国国内，为了尽快恢复经济增长，避免战后的经济下滑，新上台的工党政府采取了低利率政策来刺激需求和控制投资贷款，同时低利率也能够减轻政府债务负担。在财政部的指导下，英格兰银行维持其利率在2%，同时保持较快的货币供给速度并且发行收益率为2.5%的长期债券，这些也许促进了经济的恢复。但是到1947年，低利率导致了通货膨胀预期和英镑贬值，市场利率开始上升，自由兑换也因此夭折。英格兰银行不得不放弃低利率的扩张性政策，而一直倡导"贱货币"政策的工党政府财政大臣道尔顿（Dalton）亦于1947年11月辞职。接替道尔顿的财政大臣开始控制货币增长速度，在保持英格兰银行2%利率的同时，让国债收益率上升至4%，以压抑价格的上涨。由于长期的低利率和扩张性货币供给，1949年英镑再次承受打击，一次短暂的外汇危机让英镑兑美元的汇率从4.03贬值到2.80。战后最初的几年，英格兰银行的货币政策决策权基本控制在财政大臣手里，英格兰银行几乎放弃了对利率的调节权力。1950年，随着朝鲜战争的爆发，世界大宗商品价格上涨，通货膨胀加剧，英国的国民支付账户日益恶化，黄金储备流失严重，低利率政策已难以为继。而工党政府不久之后的下台也为新政策的实施消弭了有关的争议。

(二) 罗伯特 (Robot) 计划与瑞德克里夫 (Radcliff) 报告——20世纪50年代的货币政策讨论 (1951—1959)

1951年11月,保守党经选举上台执政。新的财政大臣巴特勒 (Butler) 立即采取了一系列新的政策措施来改善英国的国际收支和英镑贬值趋势,包括将英格兰银行利率由2%提高至2.5%,这一措施等于重新激活了货币政策对价格和外汇市场的影响效力(之前因"二战"筹款,利率被严格控制在2%达10多年,等于放弃了货币政策的调节功能,倒向完全依赖财政政策的凯恩斯主义),货币被重新重视,货币主义又回来了。这之后,英格兰银行为控制通货膨胀水平,逐年提高利率水平,到1957年,银行利率达5%,1958年为7%。

1952年2月,财政大臣巴特勒提出了由三位倡导者 Sir Leslie Rowan, Sir George Bolton 和 Otto Clarke 命名的所谓"ROBOT"计划。该计划的核心内容是实行浮动汇率,让英镑根据市场力量自由浮动找到其均衡价格并自由兑换。这意味着放弃固定汇率制和已实施多年的凯恩斯主义经济政策。如果实施该计划,可能改善英国的国际收支状况(因为出口增加,进口减少),减少储备流失,但是同时也意味着短期内失业的增加和商品价格的上升。英格兰银行当时的总裁康博德 (Lord Cobbold) 和执行总裁均赞同这一计划,但是该计划因财政部内部的反对声音巨大而被搁浅。另一方面,也可能是由于当时英国无论在理论上还是在实践中都未对浮动汇率制做好准备。尽管如此,此后有关英镑即将贬值和自由兑换的传言不断,导致历届财政大臣不得不反复辟谣,最终于1958年12月,英国对非居民

<<< 第七章 英格兰银行国有化及战后英国的经济金融发展（1946—1999）

账户实行了英镑的自由兑换①。

1955 年，英镑再次面临贬值危机，财政大臣不得不要求英格兰银行限制国内的信贷水平，虽然如此，英国的需求压力仍然在增大，1956 年的苏伊士运河危机结束之后，通货膨胀和英镑贬值等经济状况加重了人们对货币政策取向的疑虑。1957 年 5 月，英国财政部组建瑞德克里夫委员会②，以深入研究当时英国的货币和信贷体系并提出政策对策。该委员会收集整理了大量经济信息，询问了 20 多位证人，召开了 80 多次研讨会，最终于 1959 年 7 月提交了所谓的瑞德克里夫报告（Radcliffe Report）。报告的主要结论包括：1. 货币政策的主要目标是控制对商品和服务的需求，而这不可能完全通过控制货币的数量来达致。实际上报告拒绝了货币主义者（弗里德曼）提倡的货币政策的简单规则（货币供给以常数增长）。2. 货币流通速度不会影响总需求水平与货币供给之间的关系。3. 流动性水平（包括存款和短期可变现金融资产）而不是货币供给影响总需求水平。4. 通过控制广义货币供给并不能使货币政策更有效，利率，特别是长期利率是更有效的货币政策工具。5. 因此，委员会同意康恩（Kahn）教授的观点，利率结构而不是广义货币供给是货币政策的核心。6. 央行的主要功能不仅仅在于设定利率或者进行公开市场操作，重要的还包括国家债务管理。债务管理和货币操作相互作用，应统筹考虑。货币政策应该通过调节长期利率来影响信贷和总体流

---

① Floud, Roderick and Paul Johnson. *The Cambridge Economic History of Modern Briton*, V1, V2, V3, 2004—2008 [M]. Cambridge University Press：171.
② 委员会用主席的名字 LORD RADCLIFFEE 命名，包含另外两位经济学家和两个银行家。参见 Kaldor (1960)。

动性水平。7. 货币政策应以适应（总需求的变化）为主，不应是积极的（干预）。该报告并没有给出当时英国通胀压力的源泉及对策；报告似乎否定了货币政策的积极稳定功能，但也没有提出摆脱经济波动的对策。该报告最重要的结论实际上是否定了流行于经济学界的货币数量理论，尤其是，该报告认为货币流通速度纯粹是一个统计学概念，并不是由习惯和传统决定的一个常数，而是随货币数量和花费的相对关系而改变，这等于否定了剑桥学派的主张，但是对此报告也没有给出合理的理论解释（Kaldor，1960）。报告的一个值得关注且被实践证明较为正确的结论就是强调了公共债务及其管理在经济稳定中的重要性。也许这一点在2008年的国际金融危机中得到了验证。总之，可以说，瑞德克里夫报告的主要结论既没有全盘否定凯恩斯主义对财政政策的过度强调，更没有完全同意货币主义者的数量论主张。

到1959年，随着人们对英镑信心的恢复，以及价格的稳定，英格兰银行将利率由7%减至4%，对银行贷款施加的上限也被取消，英镑汇率稳定在2.80＄/£。经济复苏，工业生产快速增长，出口增加，经过近十年的努力，英国经济终于稳定且开始复苏。

（三）1960年代（1960—1970）

1960年，为了抑制经济的增长势头过快可能带来的不稳定，英格兰银行年初将利率由4%提升至5%，到6月份又将利率提至6%。英国经济在20世纪60年代的初中期维持了增长势头，平均年增长率在4%左右，但是到60年代后期，经济增长放缓，经济增长率只有2%左右。

第七章 英格兰银行国有化及战后英国的经济金融发展（1946—1999）

60年代初中期，英镑虽不时受到贬值压力，但基本保持了与美元的稳定兑换率。汇率维持在2.8 \$/£左右。但是到60年代后期，特别是1967年后，英镑贬值压力增大，英镑汇率下降，此时英格兰银行已将利率提高到8%。1967年11月，执政的工党政府一次性将英镑贬至2.40 \$/£，即期汇率到1968年降至2.39 \$/£，1970年略微回升至2.41 \$/£，虽然如此，英镑的贬值趋势已然形成。

英格兰银行在60年代的货币政策仍然服务于维系固定汇率制和债务管理目标。英格兰银行通过调节利率来稳定英镑的汇率（基于无抛补利率平价理论，UCIP）并抑制通货膨胀。而利率的调节是通过控制信贷（Lending Ceiling）及买卖国债以稳定国债的价格和收益率来实现。

如果说"二战"之后到1960年代，凯恩斯主义统治了经济学的宏观理论与政策实践的话，那么到了1960年代，以芝加哥大学经济学家弗里德曼为代表的货币主义学派则向凯恩斯主义理论发起了强有力的挑战。凯恩斯主义强调财政刺激政策对扩张总需求的重要作用，而货币主义者认为货币政策比财政政策对总需求有更大的影响效应。这一时期用于货币政策和财政政策讨论的主要经济学模型为IS—LM模型和在其基础上扩展而来（加入了国民支付账户BP线）的蒙代尔—弗莱明模型。用来模拟开放经济条件下货币政策有效性的模型为弗莱明三角形，即固定汇率制下，为确保货币政策的效用，必须对资本流动进行管制。如果实行资本的自由国际流动，则必须采用浮动汇率制方能确保货币政策更好发挥效能。

整个60年代，英国仍旧采用固定汇率制。但是随着货币主义思想逐渐成为主流经济理论，浮动汇率制越来越受到关注和研究（弗里德曼认为浮动汇率制有助于货币和价格的稳定）。

（四）欧洲的经济一体化进程及英国的加入

欧洲经济共同体（EEC）依据罗马条约创立于1957年。其前身为1951年成立的欧洲煤钢联盟①（the European Coal and Steel Community，ECSC），目标是推进欧洲经济一体化进程：包括共同市场和关税联盟建设。创始成员国有比利时，法国，意大利，荷兰和西德（联邦德国）。1965年，根据布鲁塞尔协议与欧洲原子能委员会合并成立欧洲共同体（European Community），目标是建立货物、服务和人员自由流动的单一市场。1993年，欧洲联盟（欧盟，European Union）成立，欧洲共同体并入欧盟，成为欧盟框架体系的三个重要组成部分之一，其他两个组成部分分别是欧洲防卫共同体和欧洲政治共同体。根据罗马条约，欧洲经济共同体及后来的欧洲共同体的决策机构为欧洲议会（European Parliament）。欧洲议会由选举产生。欧共体的另一重要机构为欧洲理事会（European Council），源自成员国的政府首脑会议。

1961年，丹麦、爱尔兰、挪威和英国首次申请加入欧洲经济共同体，但是由于法国总统戴高乐将军担心英国的加入会因英美特殊关系增加美国对欧洲的影响，因而否决了申请。1967年上述四国再次提出加入申请，在当时法国总统蓬皮杜的首肯下，经过谈判，1973年1月除挪威（被全民公决否决）外，英国、爱尔兰、瑞典正

---

① "二战"结束后，为了恢复欧洲经济和避免战争，欧洲国家于1951年成立了超国家主义的欧洲煤钢联盟。

式成为欧共体成员。

三、布林顿森林体系崩溃后的英格兰银行货币政策（1971—1992）

（一）布林顿森林体系的崩溃

从1960年代末开始，美国对越南南北战争的卷入越来越深，战争消耗了美国大量的财力和物力，美国的经济压力也越来越大，其贸易逆差不断加大。在布林顿森林体系中承担世界储备货币的美元，贬值压力也不断增大。根据布林顿森林体系的安排，各国均可以将其外汇储备（美元）以35美元一盎司黄金的比率向美国兑换黄金。随着西欧经济的恢复，特别是对美贸易顺差的扩大，西欧和世界很多国家积累了大量的美元外汇，当这些国家预期美元贬值时，就开始大量兑换黄金，这导致美国的黄金储备下降，而黄金储备的下降增大了人们对美元贬值的预期，又进一步加剧了各国的兑换活动，使得美国不堪其负。

另一方面，布林顿森林体系固有的制度困境，即所谓"特里芬悖论"（Triffin Dilemma），也注定了该体系是不可持续的。特里芬悖论由美国耶鲁大学教授特里芬在1960年出版的《黄金与美元危机》中提出。特里芬教授认为，一方面，在布林顿森林体系下，美元与黄金挂钩，而其他国家的货币与美元挂钩，美元实际上是国际核心储备货币。各国为了发展国际贸易，必须用美元作为结算与储备货币，这样就会导致流出美国的货币在海外不断沉淀，对美国来说就会发生长期贸易逆差；而美元作为国际货币核心的前提是必须保持美元币值稳定与坚挺，这又要求美国必须是一个长期贸易顺差国。

这两个要求互相矛盾，因此是一个悖论。在经济现实生活中，该悖论的机制更为复杂。美元要保持世界储备货币地位，就必须保持币值的稳定，而当美国经济低迷时，美国政府又要通过宽松的货币和财政政策来刺激经济，增加就业，而这必然引起美元的贬值（通货膨胀）。最为关键的是，一旦美元的币值不稳定，与其挂钩的世界各国的货币的价值都会随之发生波动。这是美元作为世界储备货币和美国本国货币的矛盾，表现为美国国内经济目标与其国际经济责任的矛盾，美国政府不得不在这两者之间寻求平衡。历史的现实是，美国经常通过牺牲后者来确保前者。对此，美国政府的解释正如美国前财长约翰·康纳利（John Connally）所说：我们的美元，你们的问题。

正是基于上述的原因，随着越战后期美国国际收支状况的不断恶化，1971年8月，尼克松（Nixon）政府宣布放弃按35美元一盎司的官价兑换黄金的美元"金本位制"，实行黄金与美元比价的自由浮动①，这标志着布林顿森林体系在实施了约20年后正式寿终正寝。随后包括英国、法国和西德等欧洲主要国家和日本、加拿大等国宣布实行浮动汇率制，不再承担维持美元固定汇率的义务。布雷顿森林体系的核心机制从此丧失，但是由其缔造的两个重要国际机构——世界银行和国际货币基金组织仍然在世界贸易和金融格局中发挥着至为关键的作用。

美元金本位制的崩溃立即引起了国际外汇市场的波动，全球外

---

① 美国政府同时对进口耐用品临时增收10%的关税。

汇交易市场除日本外一度关闭一周。浮动汇率制让各国货币对美元急速升值，为了稳定国际外汇市场和国际贸易，西方主要经济体十国集团①于华盛顿开会进行磋商，最终于1971年12月达成了有关的汇率安排，以确保各国货币在一个合理的兑换范围内对美元波动。根据该安排，美国政府将美元贬值7.89%，同时解除了临时提高的进口关税。各国政府重新确定和公布了本国货币对美元汇率的中间价及其浮动范围（Snake Floating）。英国宣布的英镑对美元汇率的中间价为2.6057 $/£，浮动范围为上下2.25%（2.6643—2.5471）。

（二）1970年代，经济与货币政策

除了布林顿森林体系的崩溃，1970年代初对英国影响较大的事件就是英国加入欧洲经济共同体。英国开始参与欧洲的经济一体化进程。

1970年代初英国经济延续了60年代后期的低迷，经济增长率低于2%，失业率高企，英格兰银行不得不采取宽松的货币政策以刺激经济。在降低利率的同时（1971年由7%降至5%，1972年又升至6%），英格兰银行重拾货币数量工具，增加货币供给。1973年，英国经济开始复苏。英格兰银行在70年代中期以后，明确了货币政策的货币供给目标制（即弗里德曼倡导的简单规则），即通过政策操作以达至货币供给的目标增长率（Monetary Targets）。英国的货币供给（存量）依据其所包含的现金和银行存款的不同定义为四类，依次为M0、M1、M3和M4。M0是非银行公众持有的现金和银行的现金储

---

① 比利时，加拿大，法国，西德，意大利，日本，荷兰，瑞典，英国和美国。

备之和，即基础货币。M1 包括现金和私人部门在银行的活期存款（Demand Deposits）；M3 是流通中的纸币和铸币加上英国公私部门所有居民在银行的所有英镑和外币存款；M4 于 1987 年引入，涵盖了所有纸币、铸币和所有银行（包括房屋建筑合作社）的存款负债。英格兰银行的货币供给目标主要是盯住 M3 的增长率。1977 年是英格兰银行明确实施货币增长目标制的第一年，财政大臣宣布的 M3 的预期增长率目标设在 9%—13%，实际增长达到了 16%。1978—1979 年宣布的 M3 目标增长率降为 8%—12%，实际增长率为 10.5%，控制在了目标范围之内。1979—1980 年由于工资提高和油价的上升，通货膨胀率迅速上升（接近 20%），让英格兰银行的货币政策再次面临考验。为控制物价水平，英国财政部不得不紧缩财政，英格兰银行提高利率（最低借贷利率升至创纪录的 17%）并控制信贷，卖出国债以减低 M3 的增长率（1979—1980 年 M3 的增长率曾低至 6.5%，全年维持在 10.5%），到 80 年初通胀得到控制并开始逐步下降。

随着美元黄金本位制的崩溃，英镑的固定汇率制也随之结束。1971 年 12 月，十国集团在华盛顿会议上达成了各国货币中间价与美元挂钩的有管理的浮动汇率，英镑与美元的中间价被定为 2.6057 \$/£（+ -2.25%）。1972 年 6 月 23 日，英国财政大臣宣布让英镑完全自由浮动，英镑汇率跌至 2.32，年底稳定在 2.35 左右[①]。虽然是自由浮动，英格兰银行仍然能够通过在外汇市场上通过买卖外汇来

---

① 来自英格兰银行 1973 年报告。

<<< 第七章　英格兰银行国有化及战后英国的经济金融发展（1946—1999）

影响英镑汇率。从那时开始，英镑逐步贬值，到 1976 年，由于物价上涨速度过快，以及累计的贸易赤字，令英镑贬值幅度突然加大，从 2.02 \$/£ 贬值到 10 月份的 1.555 \$/£，英格兰银行不得不提高利率，财政大臣宣布减少公共开支，英国政府与 IMF 及各主要经济体央行紧密磋商与协调，采取措施（包括外汇交易的部分管制措施）稳定汇率。人们对英镑的信心逐步恢复，英镑汇率开始反转，到 1977 年 2 月逐步升至 1.7125 \$/£ [1]，然后稳定在 1.72 的水平上。1978 年开始，在外汇兑换限制条件下，英镑汇率逐步上升，1979 年，英国解除了外汇兑换限制，此时英国的高利率和高企的世界油价（英国受益于北海原油的发现和开采）使得英镑坚挺，1980 年英镑对美元汇率回升至 2.03—2.33。

1978 年 12 月 5 日，欧洲理事会宣布建立欧洲货币稳定区域，1979 年 3 月欧洲货币体系（the European Monetary System，EMS）开始运作。该体系包含了基于欧洲货币单位（the European Currency Unit，ECU）的汇率机制（the European Exchange Rate Mechanism，ERM）。欧洲汇率机制的目的是为了在欧洲减少汇率波动，保持货币稳定，进而为建立欧洲经济和货币联盟，引进单一货币 ECU（后称之为欧元）做准备。欧洲汇率机制包含一个各国货币之间的双边汇率网络，以及各国货币与 ECU 的核心汇率。各国通过监测本币与 ECU 的核心汇率的变动，来对外汇市场进行干预。该汇率机制通过欧洲货币合作基金（the European Monetary Co‐operation Fund，EM-

---

[1] 参见英格兰银行 1977 年年度报告。

CF）进行操作，该基金以 ECU 为记账单位，参与该机制的各国央行在欧洲货币合作基金存入其 20% 的黄金和美元储备，以换得相应价值的 ECU。英国参与了欧洲汇率机制并加入货币合作基金，但是没有参加汇率干预安排①。

（三）撒切尔（M. H. Thatcher）经济变革及货币供给目标制的终结（1980 年代）

英国 1980 年代的经济可以说深深地烙上了撒切尔夫人的印记。早在"二战"之后，英国就逐步实行了教育医疗的公共福利化，是较早的福利国家之一。英国实施了包括养老、工伤、孩子补贴、失业救济等一整套的福利措施。1979 年之前，工党长期执政，大部分工业部门被国有化，企业效率低下，长期的凯恩斯主义干预政策扭曲了资源配置机制，导致"政府失灵"。1979 年，英国保守党领袖撒切尔夫人被选为首相，并连续三届当选，直至 1990 年辞职，主导英国政局长达十年之久。上任之初，面对英国疲乏的经济，效率低下的国有工业部门，撒切尔夫人及其保守党内阁痛下决心，重拾"自由主义"市场经济要义，对英国经济进行了彻底的私有化变革。

撒切尔经济政策的核心就是私有化，使国有企业例如英国航空公司、英国石油公司、英国电信公司、英国罗孚公司等全部上市。在最初的私有化成功之后，不断扩大私有化范围，后来的私有化部门包括发电公司、国家电网、配电公司、水务公司、铁路、公共汽车公司、银行、保险公司、房地产抵押公司，等等。到 20 世纪末，

---

① 参见英格兰银行 1979 年年报。

英国未被私有化的大型公司只剩下了6个：英格兰银行（央行，虽未被私有化，但获得很大的独立性），英国广播公司（BBC），伦敦交通，英国邮政，BNFL核电公司和英国水运局。总的来说，私有化改革提高了英国工业部门的生产效率和竞争力，打破了垄断带来的低效和高价，促进了技术进步，提高了英国经济部门的劳动生产率。撒切尔变革的另一个方向就是削弱工会的力量。工会在英国产业部门一直发挥重要作用，维护了劳工阶层的利益。但是到20世纪六七十年代工会已经严重阻碍了经济的调整和效率的提高。撒切尔夫人改革了工会，建立了竞争灵活的劳动力市场，从而降低了生产成本，提高了英国产业的国际竞争力。正是在撒切尔夫人一系列经济改革措施的作用下，英国经济在80年代后期开始不断复苏。

70年代中期开始，由于时间不一致（Time-Inconsistent Theory）理论的提出和流行，西方央行逐渐放弃了基于凯恩斯主义的相机抉择的货币政策规则，改采弗里德曼等货币主义经济学家倡导的简单规则（Simple Rule），即货币供给按照一个常数增长。英格兰银行于1970年代中期开始明确宣布执行货币增长率目标制，即简单规则，如上节所述。但是在撒切尔夫人执政期间，一方面由于其推行强势英镑政策，英格兰银行出于维持英镑汇率的需要；另一方面，理性预期，真实经济周期等经济学理论的发展，促使英格兰银行改变其货币政策规则。英格兰于80年代中期放弃了货币供给目标制。在1987—1989年间，英格兰银行没有宣布明确的货币政策规则。

（四）英国退出欧洲汇率机制（1992）

1990年10月，以梅杰（John Major）为首相的英国政府宣布加入欧洲汇率机制（II）。在该机制下，英镑与德国马克挂钩，英国承诺维持英镑汇率为2.95DM/£，在正负6%区间内浮动，实际上相当于一种固定汇率制。但是两年后，英镑受到狙击，英国无法继续其汇率承诺，被迫宣布退出欧洲汇率机制，英镑重新开始自由浮动。事实上，著名经济学家克鲁格曼在其1979年发表的固定汇率的投机冲击一文中已经断言，固定汇率制一定会因投机性攻击而坍塌，英国的例子为该模型提供了一个具体实证。

也是在同一年（1992）的10月份，梅杰政府财政大臣宣布英格兰银行的货币政策正式采用通货膨胀目标靶制（Inflation Targeting）。

四、通货膨胀目标靶制的操作实践及其效果（1993—2000）

英国宣布退出欧洲汇率机制之后，英镑开始自由浮动。随后英国财政大臣宣布英格兰银行将通过实施货币政策的通货膨胀目标靶制来确保价格稳定。最初公布的通货膨胀目标范围为1%—4%（零售价格指数RPI的年度变化率）。英格兰银行通过定期出版通货膨胀报告（Inflation Report），综合分析通货膨胀的趋势及形成原因，向政府和公众汇报其货币政策操作过程及通货膨胀目标靶制的实施效果。作为英格兰银行货币政策的执行报告，第一期通货膨胀报告于1993年第一季度正式出炉，每年发行四期，发行至今。

通货膨胀是一个货币现象，因而受控于货币政策。通过控制通货膨胀率，央行得以确保价格稳定。经济学理论和实证研究均表明，价格稳定不仅是经济稳定和增长的前提条件，更是促进经济发展的必由之路，因而也应该是货币政策的最重要目标之一。通货膨胀目

第七章 英格兰银行国有化及战后英国的经济金融发展（1946—1999）

标思想源远流长，最早可追溯至瑞典经济学家魏克赛尔（Wicksell，1898）在其名著《利息与价格》中提出的货币政策的价格目标规则。该规则于1930年代曾被瑞典央行采纳而得以实践，并得到了美国经济学家费舍尔的推崇。"二战"之后，凯恩斯主义盛行，货币政策的核心目标是增加总需求。但是70年代西方国家的经济"滞胀"让人们对凯恩斯理论渐生怀疑，菲利普斯曲线的替代效应消失，货币主义理论又重新回到经济学舞台的中央，价格稳定也再次成为货币政策关注的焦点。正是在这样的背景下，通货膨胀目标靶制得以被世界各国央行陆续采纳为唯一的货币政策规则。第一个宣布采用通货膨胀目标靶制的央行为新西兰储备银行（1990），接下来是加拿大央行、以色列央行（1991）、英格兰银行（1992），以及瑞典银行（1993）、芬兰央行（1993）、澳大利亚储备银行（1993）等。

实行通货膨胀目标靶制的央行通常宣布一个通货膨胀目标值，如新西兰央行的年通胀率目标为1%—3%，瑞典央行为2%的年通胀目标，需要注意的是这一目标值一般为两年后的预期目标值，这是由于货币政策具有时滞效应，政策制定者无法精确地控制当下的通货膨胀率，因而将政策目标放在影响今后一两年的通货膨胀趋势上（所以预期效应在通货膨胀的目标靶制规则实施中具有重要的意义，这一规则也被称为"前瞻性"的货币政策）。因此当下的货币政策操作是为了确保未来（一般为2年后）的通货膨胀落在目标区间内。为达到这一目标，央行要测量和分析大量的信息指标，以便准确地预测未来的通货膨胀值。从某种意义上可以说，对未来通货膨胀预测的准确与否是能否成功执行通货膨胀目标靶制的关键和前提，也是这一货币政策操作的难点。从 1996 年开始，英格兰银行在其通货膨胀报告中不再预测通胀目标的精确值，改而预测未来通货膨胀的概率分布。由于未来的不确定性和不可控性，未预测到的各种冲击都会令预测失准，从而影响货币政策的效果。另一方面，通货膨胀目标靶制增加了央行的透明度[1]、独立性、可信性和负责度[2]，减少了央行对通胀的偏好，增加了经济政策的确定性。

简单地说，通货膨胀目标靶制可以用以下的模型描述：

$$Min. E_t \sum_{\tau=0}^{\infty} (1-\delta) \delta^\tau L_{t+\tau}$$

$$L_t = \frac{1}{2} (\pi_t - \pi^*)^2 + \lambda x_t^2$$

央行最小化未来一段时间内的损失函数，L_t，其中 δ 为各年的权重；该损失函数通过实际通货膨胀 π_t 与通货膨胀目标 π^* 的偏差，以及产出缺口 x_t 来计算。实际通货膨胀与其目标值的偏差越小，损失函数就越小。

1995 年 6 月，英国财政部修改了通货膨胀目标（零售物价指数 RPI 的变化率），由 1%—4% 修订为 2.5% 或以下，并确定利用利率作为货币政策工具来达致上述目标。具体的货币政策操作由英格兰银行新成立的货币政策委员会（MPC，1997）负责。从那时起到 2008 年国际金融危机发生前，英国未对英格兰银行的货币政策规则和制度架构做出大的改变。通货膨胀目标靶制的实施效果可以从下

---

[1] 英格兰银行货币政策委员会的决策过程通过每次会议后的会议记录向公共公布。
[2] 英格兰银行通过公开定期发表的通货膨胀报告向国会和公众解释货币政策执行的效果，如果未能达到目标，货币政策委员会需向财政大臣和国会发出公开信解释原因，货币政策委员会的议事和决策过程接受法律监督。

图看出。自 1992 年实行该政策，英国的通货膨胀水平几乎一直保持在目标水平左右，汇率水平也较为稳定，经济逐步复苏并稳步增长。因此，至少可以说，到 21 世纪到来时，通货膨胀目标靶制运行良好。虽然，该货币政策规则自实施以来遭受批评不断，最主要的批评认为通货膨胀目标靶制忽略了国民收入目标，即忽视了失业率目标。对此，我们将在有关央行的理论模型部分详细加以探讨。

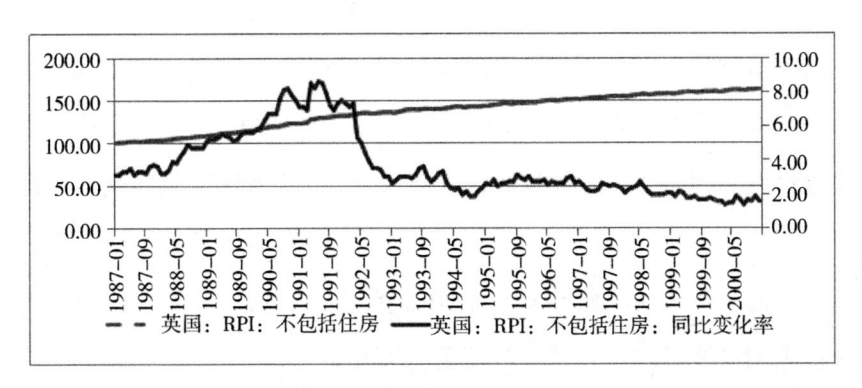

图 7-1 英国零售物价指数（RPI 左轴）及其变化率

[通货膨胀率，右轴，数据来源：万德（Wind）]

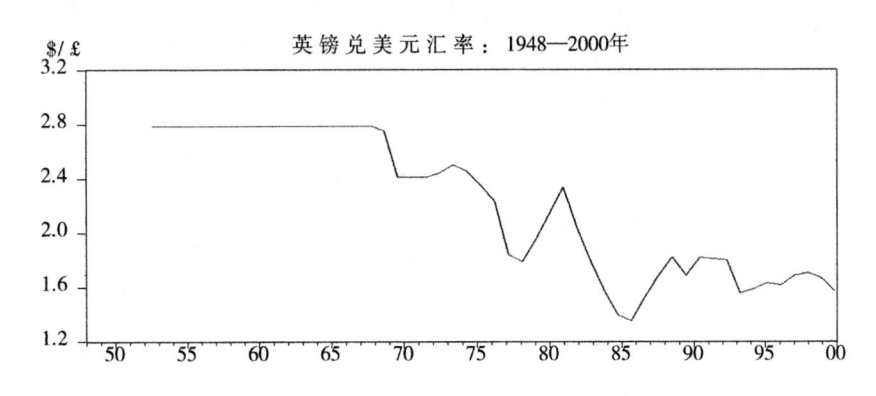

图 7-2 英国二战后至 2000 年的英镑汇率变化，数据来源：万德

五、英格兰银行的货币政策规则、传递渠道与政策效果

"二战"之后，随着英格兰银行的国有化，英国财政部负责央行的货币政策制定，在半个多世纪的时间内，英国数度改变其货币政策规则，从布林顿森林体系的美元本位制（固定汇率制，1948—1971），到70年代的浮动汇率制（1971—1980），再到80年代的货币增长目标制（1980—1986），以及80年代末期的无目标制（1986—1989），90年代初短暂的欧洲汇率机制（ERM，蛇形固定汇率制，围绕德国马克在区间内波动），最后于1992年开始实施通货膨胀目标靶制至今（从1992年至今）。这些货币政策的演变过程既有经济现实变化的需要，也是经济和货币理论加深了人们对经济现实规律的了解和认识的结果。下图描绘了"二战"之后英国货币政策规则的演变过程中宏观经济变量的变化。

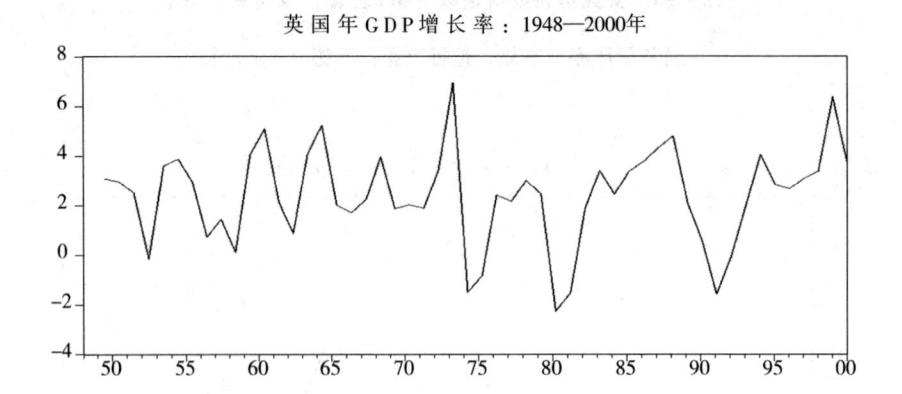

英国年GDP增长率：1948—2000年

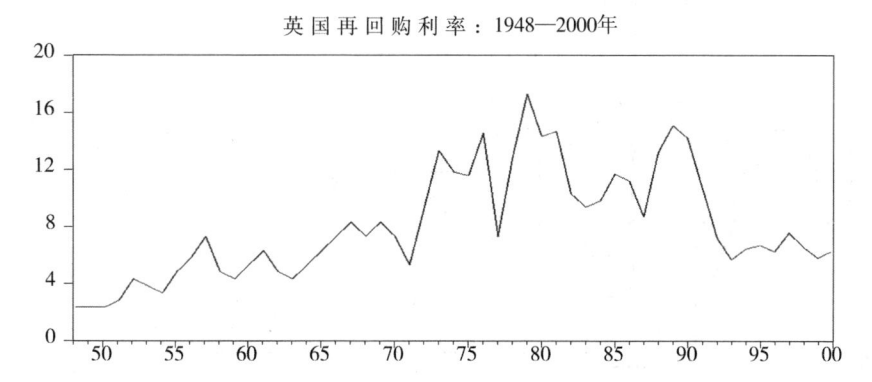

第七章 英格兰银行国有化及战后英国的经济金融发展（1946—1999）

英国再回购利率：1948—2000年

图7-3 英国二战后货币政策规则演变过程中GDP增长率及利率的变化

数据来源：IMF

在通货膨胀目标靶制下，英格兰银行实施货币政策操作的工具是利率，利率通过利率渠道、资产价格渠道、预期渠道及汇率渠道影响总需求水平，进而决定通货膨胀水平。图7.4给出了英国货币政策的传递渠道及操作工具和目标。

英格兰银行货币政策的执行效果可以从上面GDP增长率和通货膨胀率的变化中看出。显然，从"二战"后至20世纪末（2000），英国的通货膨胀水平较低且稳定，GDP增长比较平稳的两个时期分别为20世纪五六十年代和90年代以后，即在布林顿森林体系下的固定汇率制时期和采用通货膨胀目标制期间。

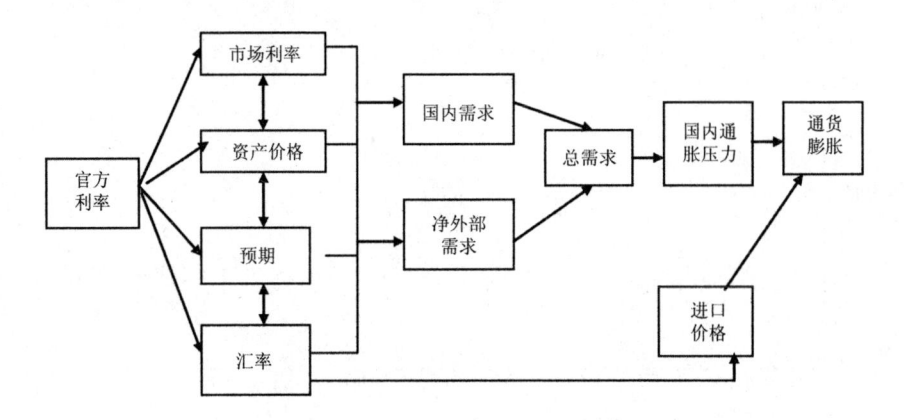

图 7-4　英格兰银行货币政策委员会给出的货币政策传递渠道

六、1998 年英格兰银行法

1998 年英格兰银行法（1998 年 6 月 1 日生效）对英格兰银行的功能和治理结构进行了法律规范。法案明确规定英格兰银行的货币政策目标是确保价格稳定，在此基础上，支持政府的经济政策目标，包括经济增长和就业目标。法案赋予英格兰银行执行货币政策操作的独立性，将财政部自英格兰银行 1946 年国有化后拥有的对其指导权力撤回（特殊情形除外），在英格兰银行设立货币政策委员会，全权负责货币政策的制定与操作。货币政策委员会由 9 位委员组成，每月举行一次会议，决定货币政策的操作和实施。另外法案第一次赋予了英格兰银行收集货币政策信息的法定权力。

依据该法案，英格兰银行的金融稳定职责转移到新成立的金融服务署（Financial Services Authority，FSA），由该署负责监管个体金融机构的稳定，而英格兰银行仍继续负有传统的金融稳定职责，即负责金融体系的整体稳定，包括货币系统的稳定、金融基础设施的稳健运行，以及金融部门整体的有效运作。

1998年法案改变了英格兰银行的董事局组成，组成了一个由非执行董事组成的委员会，主席由财政大臣任命。董事局为日常管理和运营机构，决定英格兰银行的目标和策略（货币政策除外），而该委员会为评估和监督机构，负责监督董事局和货币政策委员会的工作。是因欧元区的成立，英格兰银行专设的一个与欧元区协调的部门。法案规定英格兰银行每年将其税后利润的50%上缴财政部，年度报告的出版也第一次成为英格兰银行的法定工作。

1998年英格兰银行法和2000年金融服务与市场法（Financlal Services and Markets Act 2000，FSMA）一起，规范了2008年金融危机爆发前英国的货币稳定和金融稳定政策运行和监管框架。

第八章

新世纪的英格兰银行：欧元的影响及国际金融危机（2000—2012）

一、欧元区和欧洲统一货币及英格兰银行的作用

英国退出欧洲汇率机制和货币联盟并没有阻止欧洲一体化的步伐。1991年12月9日—11日，欧洲共同体（欧共体）在荷兰南部历史名城马斯特里赫特举行第46届首脑会议。会议通过了取代《罗马宣言》的《欧洲经济与货币联盟条约》和《政治联盟条约》两个条约，加快了欧洲一体化的进程。两个条约后被合称为《欧洲联盟条约》，也就是《马斯特里赫特条约》。1992年2月7日，欧共体12国共同签署了该条约，条约于1993年11月11日正式生效。根据《马斯特里赫特条约》（后文简称《马约》），欧洲货币联盟（共同货币区）最迟于1999年1月1日开始运作（即所谓进入马约的第三阶段）。在这之前为《马约》的第二阶段（从1994年开始），即所谓过渡和准备阶段。为此，欧盟成立了以欧洲各国央行为基础的欧洲央行体系（European System of the Central Banks，ESCB），并依法组建欧洲央行（European Central Bank），总部位于德国的法兰克福，

第八章 新世纪的英格兰银行：欧元的影响及国际金融危机（2000—2012）

负责执行未来共同货币区（即欧元区）的统一货币政策的制定与操作。英国虽然是《马约》的签字国，但是和丹麦一起，援引了其例外条款，交由全民公决决定是否加入第三阶段。加入《马约》第三阶段，即共同货币区的国家需满足几个收敛条件，包括价格稳定，本国货币的汇率满足欧洲汇率机制（ERMII）的有关规定，政府的财政具有可持续性。条约对财政可持续性提出了两个关键性的标准，即年度财政赤字与GDP的比值低于3%，政府累计债务水平与GDP的比率低于60%。

1999年1月1日，世界第一个区域共同货币欧元（Euro）面世，欧元区也成为世界上最大的经济体。英国基于其历史悠久的独立于欧洲大陆的传统，并没有加入欧元区，而是选择保留了英镑和货币政策主权。所以英格兰银行是欧洲央行体系（ESCB）的当然成员，但是并没有参与欧洲央行（ECB）的筹建和运作。英国虽然没有加入欧元区，但保留了以后加入的权利，而且英国积极参与了欧洲货币一体化的工作，因为欧元的成功与英国同样休戚相关。英国与欧元区创始国家一起，维护和遵守了《马约》第三阶段的宏观经济稳定条件，即所谓收敛标准。英国也对欧元区的货币金融基础设施建设建言献策，伦敦城也积极参与了欧元的国际交易市场的建设。这些都加强了英国与欧元区创始国本已紧密的经济金融联系，加强了英国在欧盟的地位。

鉴于英国迄今没有加入欧元区，作为欧共体成员的英国，英格兰银行主要是通过ESCB体系影响欧洲经济货币政策的制定与实施。ESCB由欧盟28个成员国的央行和欧洲央行组成，其主要目标是维持欧盟经济体内的价格稳定，基于开放市场经济原则支持欧盟的经济政策。其理事会由各国央行行长组成，但核心为 ECB 监管的欧元体系。

2003 年，英国将其货币政策的通货膨胀目标从零售物价指数（RPI）变化率的 2.5% 改为消费者物价指数（CPI）通胀率的 2%，并一直执行至今。自 1992 年执行通货膨胀目标靶制到 2006 年，英国年通货膨胀率平均为 2.6%（RPI）和 1.8%（CPI），远低于 20 世纪七八十年代的水平。GDP 的平均增长率为 2.8%，且没有较大的波动。同大多数西方经济体一样，英国享受了自 90 年代苏联解体及全球化带来的经济红利，但是部分经济学家将这些红利归功于西方经济政策的成功，特别是以通货膨胀目标靶制为代表的货币政策的成功，一些著名经济学家甚至将这一货币政策规则称之为"科学的货币政策"①，认为已经找到了保持经济稳定的圭臬。但是出乎几乎所有经济学家的预测，即将发生的一次更大规模的金融危机和经济危机彻底摧毁了这些观点。

2008 年 9 月 15 日，美国也是世界五大投资银行之一的雷曼兄弟公司（Lehman Brothers，美国第四大投行）突然宣告申请破产保护，震惊了整个世界。除了少数经济学者，大部分世人都没有对这突如其来的危机做好心理准备。雷曼兄弟破产的次日，美国公共基金市场（MMFs）出现恐慌性挤提，9 月 17 日，为避免美国最大（也是

---

① 参见 Clarida, Richard, Jordi Gali, and Mark Gertler. The Science of Monetary Policy: A New Keynesian Perspective [J]. *Journal of Economic Literature*, Vol. XXXVII: 1661—1707, 1999.

<<< 第八章 新世纪的英格兰银行：欧元的影响及国际金融危机（2000—2012）

世界最大）保险集团 AIG 破产，美联储不得不向其提供 850 亿美元的借贷资金；几天后美联储又宣布对共同基金市场提供临时性担保。但是这一连串的政策举措并没有阻止危机的加深和蔓延，十几天后，即 2008 年的 10 月份，这场起源于美国次级房贷市场的金融危机就扩散到与美国经济紧密相连的欧洲大陆。至此，一场堪比 20 世纪 30 年代大萧条（Great Depression）的国际金融危机（the Global financial crisis of 2008, the Great Recession）全面爆发。

二、国际金融危机前英格兰银行的货币稳定与金融稳定框架

作为近代最早的工业化国家及二战之前长时间居于世界金融中心的英国，是近代发生金融危机最频繁的国家，据统计 1700 年之后发生在英国国内及对英国有影响的国际金融危机大小有 15 次之多（其次为美国 12 次）[1]。2008 年的国际金融危机虽肇始于美国，但英国是危机的重灾区，一方面这要归咎于英美之间紧密的经济关系，更重要的是伦敦作为全球第一大金融中心，有大量美国和欧洲金融机构的分部在此开展业务，他们及英国本土银行在危机中遭受的损失直接影响了英国金融系统的稳定和经济的发展。危机初期，仅英国女王本人的资产当年就缩水 2500 万英镑，难怪英国女王 2008 年 11 月在出席伦敦政治经济学院的一次研讨会时，当面诘问在场的经济学家们，"为什么没有人（经济学家）意识到金融危机会发生？"[2]

---

[1] [美]查尔斯·P. 金德尔伯格等著. 朱隽等译. 金融危机史[M]. 北京：中国金融出版社，2011.

[2] The Telegraph, 05 November, 2008, "The Queen asks why no one saw the credit crunch coming".

金融业是英国最重要的产业，英国银行业贡献了英国2011年GDP的5%，而整个金融业贡献了10%[1]，国际金融危机对英国经济的影响与破坏之大可想而知。也正因为如此，英国人走在了危机后金融监管改革与制度再造的前面。

金融危机爆发前，英国整个金融系统的监管体系建构在"2000年金融服务与市场法（Financial Services and Markets Act 2000, FSMA）"基础之上，根据该法案，英国成立了独立、单一的金融事务监管单位——金融事务局（Financial Services Authority, FSA）来负责监管广泛的金融机构。政府并基于该法案成立了所谓"三方常务委员会"（Tripartite Standing Committee）框架来负责金融稳定，辅之以金融巡视服务（FOS）和金融服务补偿计划（FSCS，相当于一种存款保险安排）来保护消费者利益。三方常务委员会的三方包括英国财政部、金融事务局和英格兰银行[2]。在这一架构中，金融事务局负责监管金融市场风险、保持金融稳定。该机构被授权对所有金融机构特别是银行及金融市场进行日常监管（微观审慎监管）。英格兰银行主要负责货币政策及与之有关的金融稳定功能（如保证整个支付系统的稳定，行使最后贷款人职能等）。1998年的银行法案并没有对英格兰银行稳定金融的功能进行法律上的规定。在这一框架内，三个机构之间依据1997年同意的谅解备忘录（MOU）来协调工

---

[1] 数据来自英格兰银行报告：审慎监管当局（PRA），2011年5月。
[2] 英格兰银行是英国的中央银行。1694年作为公共银行成立，300多年来其作用与功能一直在演变。18世纪后成为整个银行业的银行，并管理英国的外汇和黄金储备。今天其核心的两个目标是保持货币稳定和金融稳定。摘自《金融稳定与存款人保护——加强框架建设》。

作。该谅解备忘录曾经在2006年进行了修改。备忘录规定的三方具体责任和分工如下：

1. 财政部：负责金融监管的总体制度结构安排及其立法，包括与欧洲共同体的谈判；向议会报告并解释金融系统出现的严重问题及所采取的解决对策，包括财政部根据备忘录对异常正式操作的决定；代表政府负责确保金融业摆脱运营困境。财政部不负责具体的操作活动，由金融事务局和英格兰银行对可能出现的问题向财政部提供预警。

2. 英格兰银行：负责维护金融系统整体的稳定性（两个核心目标之一），包括：确保货币系统的稳定性以实施货币政策，应对流动性波动；监护对英国及其重要的支付系统的基础设施，向财政大臣提供建议和解决问题的办法；负责整个金融系统的整体评估，在金融服务局董事会派驻代表（担任副总裁）；为限制风险及其传播实施具体的操作。

3. 金融事务局：在2000年金融服务与市场法案范围内，负责授权和审慎监管银行、建筑合作社、投资公司、保险公司、券商和信贷联合体等；对影响金融企业、市场和清算系统的问题根据备忘录的规定执行操作，但要避免与备忘录中规定的英格兰银行的职责冲突；执行监管政策（微观审慎政策）。

三方常务委员会由财政部大臣、英格兰银行总裁和金融事务局主席组成，财政大臣担任委员会主席；委员会一般每月举行一次会议，在会上评估英国金融中介机构及基础设施面临的系统性风险，协调政策反应并制定可能的应对计划。该体系在2007年之前运行良好，帮助英国成功度过了如互联网泡沫等经济波动；但是2008年北岩（Northern Rock）银行的破产，国际金融危机对苏格兰皇家银行的重创及英国整个金融系统所遭受的损失和由此引起的经济衰退，都证明危机之前的金融监管架构不足以防范金融危机，不能够确保金融系统的整体稳定。痛定思痛，英国政府从2009年开始改革其整个的金融监管体系。

三、国际金融危机后的英格兰银行改革[①]

金融危机爆发后，从2008年中期开始，英国政府和学术界开始重新审视和检讨英国的金融监管制度；英国于2009年修改了1998年的英国银行法，修改后的法案被称为2009银行法。2009年7月英国财政部发表了改革金融市场的白皮书，对金融危机的成因进行了详细分析、并提出了为加强金融稳定而采取的措施及进一步的改革方向。之后英国政府成立了专门的独立顾问委员会对英国金融监管体系进行评估和审查并对危机后金融监管体系的重建提供专家建议。根据独立委员会的报告，英国政府对金融监管制度框架进行的实质性改变从2010年正式拉开序幕。2010年6月财政大臣根据咨询报告提出了对英国金融监管体系进行根本性变革的计划；2010年7月和2011年2月，政府发布有关金融改革的咨询文件；2012年1月26日英国政府正式将包含改革后的金融监管框架内容的金融服务法案（Financial Services Bill，该法修改并取代了2000年金融服务与市场

[①] 本节部分内容参考了笔者的专著（2008）第四章的内容。

法 FSMA）提交英国国会。2016年5月英国国会两院通过该法案，法案全称为英格兰银行和2016年金融服务法案（Bank of England and Financial Services Act 2016）。该法案大大加强了英格兰银行在金融监管中的作用，具体的金融监管改革措施包括：

1. 在英格兰银行下设立金融政策委员会（the Financial Policy Committee, FPC），作为独立的宏观审慎政策制定与执行的机构，负责监测金融体系的系统性风险并适时反应。

2. 对财政部和英格兰银行应对金融危机的责任进行清晰界定，授予财政大臣当公共财产面临风险和金融稳定受到威胁时指导英格兰银行的权力。即由英格兰银行负责识别和降低金融业的系统性风险以保持金融稳定（宏观审慎政策）；但是一旦金融危机爆发，则由财政大臣负责进行危机管控，指导英格兰银行的应对。

3. 在英格兰银行下建立审慎监管当局（the Prudential Regulation Authority, PRA），作为央行的一个分支机构负责对所有的金融机构进行（微观）监管，将原来由金融服务局（FSA）担当的重要监管责任（微观审慎监管）转移到该审慎监管局。

4. 将金融服务局（FSA）更名为金融管理局（the Financial Conduct Authority, FCA），该局负责确保金融服务和金融市场的良好运作，以保护消费者，促进金融市场竞争。

新法案明确了英格兰银行对金融稳定（Financial Stability）的法定责任，同时确立了财政大臣的危机管理（Crisis Management）权力。依据新法案，原来的"三巨头"监管模式转变为所谓"双峰"模式，这种宏观审慎政策的制度框架安排被称之为"一个屋檐下"

模式（货币政策和宏观审慎政策均由央行负责）或宏观审慎政策制度框架的"大西洋模型"（相对于以美国模式为主的"太平洋模型"）。该制度框架可用图8–1示意。

在新框架下，对英国金融系统的监管责任几乎全部集中到了英格兰银行：金融政策委员会（FPC）负责宏观审慎监管，审慎监管当局（PRA）负责微观审慎监管，英格兰银行同时要维护和监管整个金融体系的基础设施。

2011年2月，英格兰银行内的金融政策委员会正式成立，并开始发挥法定的宏观审慎监管职责。根据新法案，金融政策委员会"为保护和增强英国金融系统的弹性，负责识别和监测金融体系的系统性风险，并采取措施来去除或降低此类风险（宏观审慎政策目标）"。另外该委员会还被赋予支持英国政府经济政策的目标。金融政策委员会的权力包括：发布公告和预警的职权；在欧洲和国际范围内影响宏观审慎政策的职权；对审慎监管当局（PRA）和金融管理局（FCA）及其他机构提出建议并在必要时要求这些机构执行建议，如不执行要做出合理解释的职权；指导审慎监管当局（PRA）和金融管理局（FCA）调整宏观审慎工具操作（但应尽可能符合实际）的职权。委员会每年至少会面4次，首次会议已于2011年6月召开。委员会出版正式会议的记录和半年一次的金融稳定报告；报告中须包含委员会对英国金融业弹性和稳定性的前景的评估及为降低和减少风险所建议的政策操作①。该金融政策委员会包括11个有

---

① 见英格兰银行网站。

投票权的委员:其中五位来自英格兰银行(总裁、副总裁等),金融服务局的主席和监管负责人(将来会被 FCA 和 PRA 的首席执行官取代),以及其他 4 位外部委员。财政部的代表也参加会议但不具投票权。委员会主席为英格兰银行总裁(同时也是货币政策委员会的主席)。

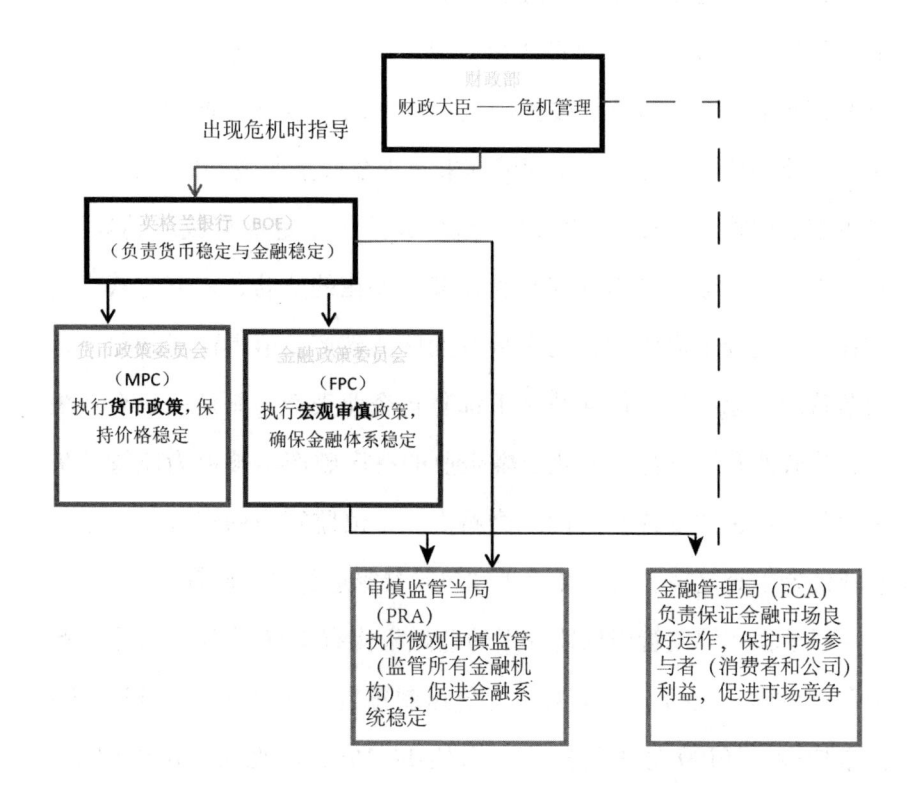

图 8-1 英国的货币政策与宏观审慎制度框架

政策目标确定之后,金融政策委员会面临的主要挑战是如何制定和执行宏观审慎政策,这其中最为关键的问题是宏观审慎政策的工具选择。此外，金融政策委员还面临着如何协调与货币政策委员会的关系，如何指导和协调审慎监管当局（PRA）和金融管理局（FCA）等一系列的挑战。

作为英格兰银行的附属机构。审慎监管当局（PRA）的职能是促进英国金融系统的稳定性，达至其微观审慎监管目标：通过确保金融企业正常运作、降低金融公司破产对英国金融系统造成的不利后果来促进被监管公司的安全和稳健。具体的监管方法基于其专业判断，包括前瞻性的监管政策制定、参考巴塞尔协议Ⅲ设计对所有金融企业一视同仁的基本监管措施来减少金融企业破产概率，等等。微观审慎监管将着眼于广泛的对金融体系的稳定性有威胁的风险。一旦识别出对金融机构的安全和稳健的潜在的威胁，审慎监管当局应在早期立刻采取监管行动来减少无序的破产。值得注意的是，审慎监管的目标不是在任何情况下都阻止企业破产，而是一旦企业失败，让破产有序进行。因此金融企业的有序破产不被视为监管的失败而是市场正常发挥作用的一个特点。审慎监管当局有责任对金融企业的资本充足率、流动性水平和风险暴露进行日常监管。

目前在审慎监管当局监管下的金融机构有2000多家，其中一半为存款机构：包括157家英国的公司制银行（前5家最大银行为：汇丰控股，16190亿英镑资产，占比14.1%；巴克莱，14760亿英镑，12.9%；苏格兰皇家银行，14410亿英镑，12.6%；劳埃德银行，8540亿英镑，7.5%；渣打银行，3300亿英镑总资产，2.9%），48家建筑合作社（Building Societies），652家英国信用合作社（Credit Union）及162家海外银行的在英国的分支机构。另外还包括对投资公司的监管。其监管的总资产约为 9 万亿英镑（2011），是英国 2011 年 GDP 的七倍。可见审慎监管当局在监管大型国际化存款机构方面发挥着重要作用，而这些机构对英国经济稳定性的潜在影响是巨大的。

在具体的监管操作中，审慎监管当局将通过建立积极干预的框架（PIF），对所有的金融企业实施统一的监管标准，并力求监管过程的简单透明来确保监管的有效性。同时，监管审慎监管当局将把资源和监管行动专注于那些对英国金融体系带来较大风险的机构和事件上。

按照新法案，原来的金融事务局（FSA）将不再存在，归入新成立的独立的金融管理局（FCA）。金融管理局负责确保金融服务和金融市场运作良好。保护市场参与者特别是消费者的利益，促进市场（参与者）的竞争。除了正常的市场监管，有关消费信贷的监管及金融创新产品的登记和批准也转由金融事务局负责。

由于审慎监管当局和金融事务局都负责金融企业监管，所以两个机构的协调就显得尤为重要，根据新法案，二者通过董事会成员交叉、信息共享、法定功能的协调执行及谅解备忘录（MOU）的签署来相互协调配合工作。

四、未来展望

"二战"之后，美国取代大英帝国成为世界政治、经济的新霸主，伦敦虽然保持了世界金融中心的地位，但其世界第一的位置不时被纽约取代，而且，更多的区域金融中心不断出现，世界已经进入多金融中心的时代。昔日世界各国央行学习和模仿的样板也从英格兰银行变成了美联储。英格兰银行这个针线街的老夫人，虽然余韵犹存，却已风光不再。但是正如一位英格兰银行家所说，"我们不能成为最大的，但可以成为最好的！"这也许是英格兰银行未来发展所应遵循的最佳策略。

  2008年的金融危机改变了英格兰银行的治理结构和政策框架，在新的制度安排下，英格兰银行将肩负维持英国货币稳定和金融稳定的双重责任，也只有努力同时满足这两个政策目标，英格兰银行才能保证英国经济的整体健康稳定，真正完成其增进英国人民福祉的光荣使命。

结束语

2016年6月，英国人通过公投决定退出欧盟，公投结果震惊欧洲和世界。2017年3月29日，英国首相特丽莎·梅正式通知欧盟委员会，英国决定退出欧盟并启动相关退欧条款。这意味着无论是否达成新协议，英国都将在两年后（2019年3月）脱离欧盟。英国人这一历史性的选择将深刻地影响英国乃至欧洲未来的政治经济走向。

目前，退欧进程仍处于两年过渡期内，英国还留在欧盟单一市场内。退欧给英国各个行业特别是金融业及英格兰银行带来的真正影响，仍然要视退欧的实际进程和最后达成的英国—欧盟关系新条款。尽管如此，脱欧效应在公投通过后就已开始显现：英镑急剧贬值，资产价格波动幅度增大，物价开始攀升，这些虽然促进了出口，但造成英国人的实际收入下降，虽然英国的经济增长率并没有显著下降。金融业是英国的核心产业，伦敦也一直是世界及欧洲的最大的金融中心，但是脱欧不可避免地会令一些金融机构离开伦敦前往欧洲的中心城市，这将对伦敦的金融地位产生不可逆转的伤害。为了应对这些不利影响，英国政府于2017年发表了工业发展战略，试图通过改善营商环境、加大研发投入、吸引高端人才和聚焦重点行业的发展来提升英国的竞争力、劳动生产率和产出增长率。

未来无论是软脱欧（新的英欧贸易市场便利关系协议）还是硬脱欧（没有协议，双方回到WTO框架），鉴于金融业对英国的重要性，英国政府都应会做出特别的安排，以确保英国和伦敦在世界及欧洲金融领域的重要地位，这无疑加重了作为金融监管当局的英格兰银行的责任。

脱欧一方面使得英格兰银行得以摆脱欧盟特别是欧洲央行的限制，更加独立地面向世界，全方位地加强与世界金融机构和各国央行的密切联系与平等合作。另一方面，脱欧给英国经济带来的各种不利影响使得英格兰银行的货币政策和金融政策制定与实施面临诸多挑战。英格兰银行在其年报和多份文件中反复强调，将采取所有可能措施确保未来英国的经济增长、价格稳定和金融稳定。笔者相信，英格兰银行，作为一个有着光辉历史和世界影响的中央银行，能够完成这一历史使命。

附　录

附录一　英格兰银行在几个重要年份的资产负债表

1. 1696年11月10日英格兰银行的第一份财政报表

		£	s.	d.
负债	流通在外的封印票据（Sealed Bill）	893800	0	0
	代替准现金（Running Cash）的纸币	764196	10	6
	在荷兰银行的借款	300000	0	0
	银行票据未付利息	17876	0	0
总负债		1975872	10	6
所有者权益		125315	2	11
		2101187	13	5
资产	拥有的国会各种基金（以Tallies形式）	1784576	16	5
	10万英镑应得收益的缺额	50000	0	0
	抵押物、典当品和其他证券现金	266610	17	0
总资产		2101187	13	5

数据来源：Clapham（1944），p44.

2. 1709年2月英格兰银行的资产统计　　　　单位：英镑

原有资本		2201171
1708年法案通过后资本加倍		4402343
新增政府贷款40万英镑		4802343
必须承销的财政票据		1775027
总资本	£	6557370

数据来源：Andreades A.（1908）

3. 1844年英格兰银行资产负债表　　　　单位：英镑

发行部				
资产			负债	
政府债	11015100		纸币发行	28351296
其他证券	2984900			
金币和金块	12657208			
银块	1694087			
合计	28351296	英镑	合计	28351296
银行部				
资产			负债	
政府证券	14554834		所有人权益资本	14553000
其他证券	7835616		其他	3564729
纸币	8175025		公共存款	3630809
金银铸币	857765		其他存款	8644348
合计	31423240	英镑	7天和其他票据	1030354
			合计	31423240

数据来源：Andreades A.（1908）

4. 1947年英格兰银行资产负债表 单位：千英镑

发行部门（Issue Department）

负债			资产	
纸币发行			政府债	11015100
	流通中	1377019585	其他政府证券：	1438235434
	在银行部	73228248	其他证券	739359
			金铸币以外的铸币	10107
			金铸币及金块	247833
总负债		1450247833	总资产	1450247833

银行部门（Banking Department）

负债		资产	
资本	14553000	资产	
其他	3900610	政府债券	306930660
公共存款	7051291	其他证券	39120587
其他存款	394655229	纸币	73228248
银行家	298321740	铸币	880705
其他账户	96333559		
		总资产	420160200
总负债+资本	420160200		

数据来源：英格兰银行1947年年报

5. 1970英格兰银行资产负债表　　　　　　　　　　单位：千英镑

资产				合计	
流动资产					
	纸币和铸币		39528		
	财政部和其他票据		539671		
				579199	
投资					
	英国政府证券及其担保		160879		
	其他证券		12274		
				173153	
利息收入				74370	
房屋及设备				31606	
				858328	
负债					
公共存款			18271		
特别存款			398200		
商业银行存款			195343		
其他账户			113475		
应付财政部			873		
				726162	
资本			14553		
储备			101152	115705	
退休福利拨备				16461	
				858328	

数据来源：英格兰银行1971年年报

6. 2000年英格兰银行资产负债表　　　　　单位：百万元英镑

资产		合计
现金	5	
应收项目	405	
财政部和其他票据	11	
其他央行应计	13652	
贷款	5415	
债务证券	3496	
权益及利息	27	
股份额	18	
有形固定资产	358	
应计收入	511	
总资产		23898
负债		
其他央行应付	13583	
央行存款	2959	
商行等存款	1812	
海关账户	1497	
欧元票据	2121	
其他负债	584	
总负债		22556
资本	15	
储备	242	
盈利	1085	
所有者权益		1342

数据来源：英格兰银行2000年报告

附录二 1694年以来英国国王（女王）、首相、财政大臣及英格兰银行历任行长

年代	英格兰银行总裁	国王（女王）	首相（执政党）	财政大臣
1694—1697	约翰·霍布隆	威廉三世 1694—1702		查尔斯·孟塔古
1697—1699	威廉·斯卡文			同上
1699—1701	纳什尼尔·坦仕			约翰·史密斯
1701—1703	约翰·瓦尔德	威廉三世至1702 1702—安妮女王		
1703—1705	亚伯拉罕·霍布隆			亨利·波义耳 1701—1708
1705—1707	詹姆斯·贝特曼			
1707—1709	弗朗西斯·艾尔仕	安妮女王 1702—1714	无	约翰·史密斯 1708—1710
1709—1711	吉尔伯特·海士科特			罗伯特·哈利 1710—1711
1711—1713	纳什尼尔·戈尔德			罗伯特·彭生
1713—1715	约翰·路兹	至1714安妮女王 1714—乔治一世		威廉·温丹爵士 1713—1714 理查·翁斯洛爵士 1714—1715
1715—1717	皮特·戴尔莫			罗伯特·沃波尔
1717—1719	杰拉德·康耶斯	乔治一世 1714—1721		斯坦尼普子爵 1717—1718
1719—1721	约翰·翰格			约翰·艾思拉比 1718—1721

续表

年代	英格兰银行总裁	国王（女王）	首相（执政党）	财政大臣
1721—1723	托马斯·斯堪文	乔治二世	罗伯特·沃波尔英国事实上的第一位首相（1721—1742）（辉格党） 威尔明顿伯爵（1742—1743）（辉格党）	罗伯特·沃波尔爵士 1721—1742
1723—1725	吉尔伯特·黑斯科特			
1725—1727	威廉·汤姆森			
1727—1729	哈姆伏热·毛利斯			
1729—1731	萨缪尔·霍顿			
1731—1733	爱德华·柏拉米			
1733—1735	郝瑞斯·汤森德			
1735—1737	布冉·本森			
1737—1740	托马斯·库克			
1740—1741	得利勒斯·坎波内尔			
1741—1743	斯戴姆·布鲁克斯班克			山姆·桑兹 1742—1743
1743—1745	威廉·佛可那		亨利·佩尔汉姆（辉格党）	亨利·佩勒姆
1745—1747	查理斯·萨维兹			

续表

年代	英格兰银行总裁	国王（女王）	首相（执政党）	财政大臣
1747—1749	本杰明·隆贵特	乔治二世		
1749—1752	威廉·汉特			
1752—1754	亚历山大·希夫			
1754—1756	查理斯·帕尔莫		纽卡斯尔公爵	亨利·贝尔森—理雅各 1754—1755 乔治·利特尔顿爵士 1755—1756
1756—1758	比克伏特·曼修斯		德文郡公爵（1756—1757） 纽卡斯尔公爵（1757—1762） （辉格党）	亨利·贝尔森—理雅各 1756—1761 巴灵顿子爵 1761—1762
1758—1760	迈锐克·布瑞尔	乔治三世		
1760—1762	巴斯罗姆·布特			法兰西斯·达什伍德爵士 1762—1763 乔治·格伦维尔 1763—1765
1762—1764	罗贝特·马什			威廉·邓德斯韦 1765—1766
1764—1766	约翰·威兰德		比特伯爵（1762—1763）（托利党） 乔治·格伦维尔（1763—1765）（辉格党） 罗金汉侯爵（1765—1766）	查理斯·汤森 1766—1767
1766—1769	马修·克莱蒙特			
1769—1771	威廉·库珀			诺斯勋爵 1767—1782
1771—1773	爱德华·潘恩			
1773—1775	杰姆斯·思伯苓			

续表

年代	英格兰银行总裁	国王（女王）	首相（执政党）	财政大臣
1775—1777	萨缪尔·比茨可夫特	乔治三世	查塔姆伯爵（1766—1768）（辉格党）格拉夫特公爵（1768—1770）腓特烈·诺斯,吉尔福德伯爵（1770—1782）托利党 威廉·佩蒂·莫里斯 1782—1783	约翰·卡文迪许勋爵 1782
1777—1779	皮特·高森			
1779—1781	丹尼尔·布斯			
1781—1783	威廉·亦沃			
1783—1785	理查德·尼夫			
1785—1787	乔治·彼得斯			
1787—1789	爱德华·丹瑞尔			
1789—1791	马克·威兰德			
1791—1793	萨缪尔·鲍斯奎特			小皮特 1782—1801
1793—1795	格德弗瑞·富顿			
1795—1797	丹尼尔·吉勒斯		威廉皮特（托利党）	
1797—1799	托马斯·瑞克斯			
1799—1801	萨缪尔·富顿			

续表

年代	英格兰银行总裁	国王（女王）	首相（执政党）	财政大臣
1801—1803	兆博·马修	乔治三世	亨利·阿丁顿（托利党）	亨利·阿丁顿 1801—1804
1803—1804	杰斯弗·纳特			
1804—1806	本杰明·文思珀		威廉皮特（托利党）	小皮特 1804—1806
1806—1808	比斯顿·龙		格伦维尔勋爵（1806—1807）波特兰公爵（1807—1809）斯潘塞·帕西瓦尔（1809—1812）	亨利·佩蒂勋爵 1806—1807
1808—1810	约翰·威特贸			斯宾塞·珀西瓦尔 1807—1812
1810—1812	约翰·帕斯			
1812—1814	威廉·曼宁		利物浦伯爵（罗伯特·詹金逊，1812—1827）（托利党）乔治·坎宁（1827）戈德里奇子爵（1827—1828）	尼古拉·范西塔特 1812—1823
1814—1816	威廉·麦里斯			
1816—1818	杰偌蔓·哈曼			
1818—1820	乔治·多瑞			
1820—1822	查理斯·珀尔	乔治四世		
1822—1824	约翰·博顿			弗雷德里克·约翰·罗宾逊 1823—1827
1824—1826	考纳里斯·巴勒			

162

续表

年代	英格兰银行总裁	国王（女王）	首相（执政党）	财政大臣
1826—1828	约翰·理查德	乔治四世	威灵顿公爵 格雷伯爵（Charles Grey）辉格党	约翰·查尔斯·赫雷斯 1827—1828
1828—1830	萨缪尔·多维			亨利·古尔本
1830—1833	约翰·帕尔姆	威廉四世	罗伯特·皮尔（1834—1835）（保守党）威廉·兰姆，墨尔本子爵（1835—1841）（辉格党）	奥尔索普子爵
1833—1834	理查德·瑞克			奥尔索普子爵，登曼勋爵 罗伯特·皮尔爵士 1834—1835 托马斯·斯普林·赖斯 1935—1839
1834—1837	杰姆斯·帕蒂森			
1837—1839	梯莫斯·科提斯	维多利亚女王	罗伯特·皮尔（1841—1846）约翰·罗素伯爵（1846—1852）（辉格党）阿伯丁伯爵（1852—1855）	法兰西斯·桑希尔·巴林爵士 1839—1841
1839—1841	约翰·雷德			亨利·古尔本 1841—1846
1841—1842	约翰·派里			
1842—1845	威廉·科顿			
1845—1847	约翰·海斯			
1847（4—8）	威廉·罗宾森			查尔斯·伍德爵士 1846—1852
1847—1849	杰姆斯·莫里斯			
1849—1851	亨利·普雷斯科特			

续表

年代	英格兰银行总裁	国王（女王）	首相（执政党）	财政大臣
1851—1853	汤姆森·汉克		帕尔姆斯顿子爵（1855—1858） 德比伯爵（1858—1859）	本杰明·迪斯雷利 1852
1853—1855	约翰·哈巴德			
1855—1857	托马斯·魏戈林		帕尔姆斯顿子爵	威廉·尤尔特·格莱斯顿 1852—1855
1857—1859	谢菲尔德·尼维			乔治·康沃尔·路易斯爵士 1855—1858
1859—1861	伯纳密·道布瑞		约翰·罗素伯爵 德比伯爵（1866—1868）	本杰明·迪斯雷利 1858—1859
1861—1863	阿尔法里的·拉萨姆			
1863—1865	柯克曼·郝德森	维多利亚女王	威廉·尤尔特·格莱斯顿（1868—1874）	威廉·尤尔特·格莱斯顿 1859—1866
1865—1867	亨利·郝兰德			
1867—1869	托马斯·汉特		本杰明·迪斯雷利，比肯斯菲尔德伯爵（1874—1880）	本杰明·迪斯雷利 1866—1868
1869—1871	罗伯特·克利夫特			
1871—1873	乔治·莱奥			罗伯特·洛 1868—1873
1873—1875	本杰明·格林			
1875—1877	亨利·吉布斯			威廉·尤尔特·格莱斯顿 1873—1874 斯塔福·亨利·诺思科特爵士 1874—1880

续表

年代	英格兰银行总裁	国王（女王）	首相（执政党）	财政大臣
1877—1879	爱德华·帕尔默	维多利亚女王		威廉·尤尔特·格莱斯顿 1880—1882
1879—1881	约翰·博驰			
1881—1883	亨利·格林菲尔		威廉·尤尔特·格莱斯顿	晓治·柴尔德斯 1882—1885
1883—1885	约翰·吉莱特			
1885—1887	杰姆斯·卡瑞		索尔兹伯里侯爵（1885—1892）威廉·尤尔特·格莱斯顿（1892—1894）罗斯贝利伯爵（1894—1895）索尔兹伯里侯爵（1895—1902）	迈克尔·希克斯·比奇爵士 1885—1886 威廉·弗农·哈考特爵士 1886 伦道夫·丘吉尔勋爵 1886
1887—1889	马克·考莱特			
1889—1892	威廉·里的戴尔			乔治·戈申
1892—1895	大卫·鲍威尔			威廉·弗农·哈考特爵士
1895—1897	阿尔伯特·山德曼			
1897—1899	哈格·斯密斯			迈克尔·希克斯·比奇爵士 1895—1902
1899—1901	萨缪尔·格莱思彤		阿瑟·詹姆斯·贝尔福，贝尔福伯爵（1902—1905）	
1901—1903	奥古斯特·普莱沃斯特	爱德华七世（1901—1910）		查尔斯·汤姆森·里奇 1902—1903
1903—1905	萨缪尔·毛利			奥斯汀·张伯伦

续表

年代	英格兰银行总裁	国王（女王）	首相（执政党）	财政大臣
1905—1907	亚历山大·华莱士	爱德华七世（1901—1910）	亨利·坎贝尔-班纳文爵士（1905—1908）	赫伯特·亨利·阿斯奎斯 1905—1908
1907—1909	威廉·坎贝尔			戴维·劳合·乔治 1908—1915
1909—1911	瑞吉纳德·约翰斯通			
1911—1913	阿尔弗雷德·克尔	乔治五世（1910—1936）	赫伯特·亨利·阿斯奎斯（1908—1916）戴维·劳合·乔治（1916—1922）安德鲁·伯纳尔·劳（1922—1923）	
1913—1918	瓦尔特·卡里夫			雷金纳·麦克纳 1915—1916 安德鲁·博纳·劳 1916—1919
1918—1920	布冉·考凯恩			
1920—1944	蒙特古·若曼	爱德华八世（1936）	斯坦利·鲍德温（1923—1929,1935—1937）拉姆齐·麦克唐纳（1924—1924,1929—1935）尼维尔·张伯伦（1937—1940）温斯顿·丘吉尔（1940—1945）	奥斯汀·张伯伦 1919—1921 罗伯特·霍恩爵士 1921—1922 斯坦利·鲍德温 1922—1923 内维尔·张伯伦 1923—1924 菲利浦·斯诺 1924 丘吉尔 1924—1929 菲利浦·斯诺登 1929—1931 内维尔·张伯伦 1931—1937 约翰·西蒙爵士 1937—1940 金斯利·伍德爵士 1940—1943 约翰·安德生爵士 1943—1945

续表

年代	英格兰银行总裁	国王（女王）	首相（执政党）	财政大臣
1944—1949	托马斯·卡托	乔治六世（1936—1952）	艾德礼伯爵（1945—1950）（工党） 温斯顿·丘吉尔（1951—1955）（保守党） 罗伯特·安东尼·艾登（1955—1957）	休·道耳吞 1945—1947 斯塔福·克里普斯爵士 1947—1950
1949—1961	卡梅隆·考保德			晓治·盖茨克 1950—1951 拉博·巴特勒 1951—1955 麦美伦 1955—1957 彼得·霍尼戈夫 1957—1958 德瑞克·希思科特·艾默里 1958—1960 塞尔文·劳埃 1960—1962
1961—1966	若兰德·巴林	伊丽莎白二世（1952—至今）	哈罗德·麦克米伦（1957—1963）（保守党） 亚历山大霍姆，夏塞尔的霍姆男爵（1963—1964）	雷金纳·麦德宁 1962—1964 詹姆斯·卡拉汉 1964—1967
1966—1973	莱斯利·欧布恩		哈罗德·威尔逊（1964—1970）（工党） 爱德华·希思爵士（1970—1974）	罗伊·詹金斯 1967—1970 安东尼·巴伯 1970—1974
1973—1983	戈登·理查森		哈罗德·威尔逊（1974—1976） 詹姆斯·卡拉汉（1976—1979） 玛格利特·撒切尔（1979—1990） 约翰·梅杰（1990—1997） 托尼·布莱尔（1997—2007） 戈登·布朗（2007—2010） 戴维·卡梅伦 2010至今	丹尼士·希利 1974—1979 贺维爵士 1979—1983
1983—1993	罗贝特·赖-帕姆波特			尼格尔·劳森 1983—1989 约翰·梅杰 1989—1990 拉蒙特 1990—1993
1993—2003	爱德华·乔治			肯尼斯·克拉克 1993—1997 戈登·布朗 1997—2007
2003—2013	麦恩·金			阿利斯泰尔·达林 2007—2010
2013—	马克·卡内			乔治·奥斯本 2010至今

167

索 引

A

阿姆斯特丹银行（ch1）

B

巴塞尔协议（ch7，ch8）

白芝浩（ch1，ch5）

布林顿森林体系（ch6，ch8）

C

查理斯.孟特古（ch2）

D

大萧条（ch6）

E

2000年金融服务与市场法（ch7）

F

法定货币（ch4）

法定准备金（ch7，ch8）

G

工业革命（ch4）

光荣革命（ch3）

国际黄金标准（ch5，ch6）

国际金融危机（ch1，ch4，ch8）

国际清算银行（ch7，ch8）

国际货币基金组织（ch7，ch8）

国家银行计划（ch4）

H

宏观审慎政策（ch1，ch8）

货币稳定（ch1，ch8）

货币政策（ch1，ch5，ch6，ch7，ch8）

货币政策传递机理（ch8）

货币主义（ch6，ch7）

J

经理国库（ch1，ch3，ch5，ch8）

金本位制（ch5，ch6）

金融稳定（ch1，ch8）

金银快报告（ch4）

K

凯恩斯（ch6）

凯恩斯主义（ch6，ch7）

L

李嘉图（ch4）

伦巴第街（ch1，ch5）

量化宽松（ch8）

M

美国联邦储备银行（ch1，ch8）

明斯基（ch1，ch8）

N

南海金融泡沫（ch3）

O

欧元区（ch7，ch8）

欧洲汇率机制（ch7）

欧洲经济一体化（ch7）

R

瑞典银行（ch1，ch2）

S

撒切尔主义（ch7）

圣乔治银行（ch1）

市场失灵（ch6）

斯德哥尔摩银行（ch1）

世界银行（ch6）

T

通货原理（ch4）

通货膨胀目标靶制（ch8）

特别提款权（ch6）

脱欧（ch8，结束语）

W

威廉—帕特森（ch2）

X

系统风险（ch1，ch8）

Y

银行限制法案（ch4）

银行原理（ch4）

英格兰银行（ch1，ch2，ch3—8）

1844年英格兰银行法（ch4）

1998年英格兰银行法（ch7）

Z

政府失灵（ch7）

中央银行（ch1，ch7，ch8）

债务危机（ch8）

最后贷款人（ch1，ch5，ch8）

参考文献

1. ［英］波斯坦等. 剑桥欧洲经济史（第二卷）［M］. 王春法主译. 北京：经济科学出版社，2003.

2. ［英］大卫·休谟. 休谟经济论文选［M］. 陈玮译. 北京：商务印书馆，1984.

3. 黄绍钧. 中国第一部经济史——汉书食货志［M］. 北京：中国经济出版社，1991.

4. ［美］埃文·蕾切尔·伍德. 英美中央银行史［M］. 陈晓霜译. 上海：上海财经大学出版社，2011.

5. ［美］金德尔伯格，P. 西欧金融史［M］. 徐子健等译. 北京：中国金融出版社，1991.

6. 孙立新. 国际金融危机与中国的宏观审慎政策——影响与对策研究［M］. 北京：中国经济出版社，2018.

7. ［意］文森特·博兰. 世界第一家现代化银行［EB/OL］. FT中文网［2009-5-6］.

8. ［美］查尔斯·P. 金德尔伯格等著. 朱隽等译. 金融危机史［M］. 北京：中国金融出版社，2011.

9. ［英］威廉·配第. 陈理予译. 配第经济著作选集［M］. 北京：商务印书馆，1981.

10. ［清］王瑬. 马陵合校注.《钱币刍言》整理与研究［M］. 上海：东华大学出版社，2010.

11. ［英］约翰·梅纳德·凯恩斯. 徐毓枬译. 就业、利息和货币通论［M］. 北京：商务印书馆，1964.

12. ［英］约翰·洛克. 徐式谷译. 论降低利息和提高货币价值的后果［M］. 北京：商务印书馆，1982.

13. ［英］克在潘. 现代英国经济史（卷一）［M］. 姚曾廙译. 北京：商务印书馆，1997：2.

14. Altig, David E. and Bruce E. Smith. *Evolutions and Procedures in Central Banking*［M］. the Cambridge Univeristy Press，2003.

15. Allen, William A. *Inflation Targeting: The British Experience*［M］. Handbooks in Central Banking No. 1, Bank of England，1999.

16. Andreades A. Translated by Christadel Meredith. *History of Bank of England*［M］. Cambridge，1908.

17. Bagehot, Walter. *Lombard Street: A Description of the Money Market*［M］. The Project Gutenberg EBook，1873.

18. Bank of England. *Annual Reports*［M］. 1947—2011.

19. Bernanke, Ben S. A Century of US Central Banking: Goals, Frameworks, Accountability［J］. *Journal of Economic Perspectives*,

173

Vol. 27, No. 4, 2013: 3—16.

20. Blinder, Alan S. How Central Should the Central Bank Be [J]. *Journal of Economic Literature*, Vol. 48, No. 1, March 2010: 123—133.

21. Blinder, Alam S. *The quiet revolution: central banking goes modern* [M]. Yale University, 2004.

22. Bordo, Michael D. A Brief History of Central Banks [J]. *Federal Reserve Bank of Cleveland Working Paper*, December 2007.

23. Carlos, Ann M. and Larry Neal. Amsterdam and London as financial centers in the eighteenth century [J]. *Financial History Review*, Vol. 8, I (1), 2011: 21—46.

24. Capie, Goddhart and Schnadt. *The Future of Central Banking: the tercentrary of symposium of the Bnak of England* [M]. Cambridge Univeristy Press, 2011.

25. Clapham, Sir John. *The Bank of England, A History* [M]. V1—2, Cambridge University Press, London, 1944.

26. Clarida, Richard, Jordi Gali, and Mark Gertler. The Science of Monetary Policy: A New Keynesian Perspective [J]. *Journal of Economic Literature*, Vol. XXXVII: 1661—1707, 1999.

27. Davies, Glyn. *A History of Money—From Ancient Times to Present Day* [M]. University of Wales Press, Cardiff, 2002.

28. Felloni, Giuseppe. Translated by Marina Felloni, Justin Michael Rosemberg and Authumn Wiltshire. *Genoa and the history of finance: A series of firsts?* [M]. Banco di San Giorgio, Genova, 2005.

29. Forde, John. *The Bank of England and Public Policy* 1941—1958 [M]. the Cambridge University Press, 1992.

30. Floud, Roderick and Paul Johnson. *The Cambridge Economic History of Modern Briton*, V1, V2, V3, 2004—2008 [M]. Cambridge University Press.

31. Friedman, Milton and Anna J. Schwartz. *A Monetary History of the United States*, 1867—1960, 1963 [M]. Princeton University Press, Princeton.

32. Giuseppi, John. *The Bank of England—a History from its Foundation in* 1694 [M]. Evans Brothers Limited, 1966.

33. Gray, Simon. *The Management of Government Debt* [M]. Handbooks in Central Banking No. 5, May 1996, Bank of England.

34. Harris, Ron. The Bubble Act: Its Passage and Its Effects on Business Organization [J]. *The Journal of Economic History*, 54 (3), September 1994: 610—627.

35. Hoppit, Julian. The Myths of South Sea Bubble [J]. *Transactions of the RHS*, 2002: 141—165.

36. Hume, David. *The History of England* [M]. Liberty Classics, in 6 Volumes, 1983.

37. Kindleberg, C. P. and Robert Z Aliber, *Manias. Panics and Crashes: A History of Financial Crises* [M]. Palgrave Macmillam, 2011.

38. Khan, Ashraf. Central Bank Legal Frameworks in the Aftermath of the Global Financial Crisis [Z]. IMF Working Paper WP/17/11.

39. Krugman, Paul. *The Return of Depression Economics and the Crisis of* 2008 [Z]. 2009, W. W. Norton & Company Ltd., New York, London.

40. Mackay, Charles. *Extraordinary Popular Delusions and the Madness of Crowds* [M]. 1980.

41. Maddison, Angus, *The World Economy——Historical Statistics* [M]. OECD, 2003.

42. Philippovich, Eugen Von. Translated by Chrstabel Meredith Washington *History of the Bank of England and its Financial Services to the State* [M]. Government Printing Office, 1911.

43. Postan, M. M. et al. *The Cambridge Economic History of Europe*, Vol. 4, Cambridge University Press, Cambridge, 2008.

44. Quinn, Stephen and William Roberd. The Big Problem of Large Bills: The Bank of Amsterdam and the Origins of Central Banking, Federal Reserve Bank of Atlanta Working Paper 2006—16.

45. Quinn, Stephen and William Roberds. The Bank of Amsterdam through the Lens of Monetary Competition, Federal Reserve Bank of Atlanta Working Paper 2012—14.

46. Reis, Ricardo. Central Bank Design [J]. *Journal of Economic Perspectives*, Vol. 27, No. 4, Fall 2013: 17—44.

47. Ricardo, David. *The Works of David Ricardo* [M]. John Murray, Albeimarle Street. London, 1871.

48. Siklos, Pierre L, Martin T. Bohl, and Mark E. Wohar: *Challen-*

ges in Central Banking [M]. Cambridge University Press, 2010.

49. Smith, Adam. *The Wealth of Nations* [M]. The Modern Library, New York, 1937.

50. Corttll. Domestic Finance, 1860—1914, in the Cambridge Economic History of Modern Britain, Volume II.

51. The Telegraph, 05 November, 2008, "The Queen asks why no one saw the credit crunch coming".